교회연극 연출노트 1
김수형 희곡집

모든 인간은 하나님의 형상을 닮은 존엄한 존재입니다. 전 세계의 모든 사람들은 인종, 민족, 피부색, 문화, 언어에 관계없이 존귀합니다. 예영커뮤니케이션은 이러한 정신에 근거해 모든 인간이 존귀한 삶을 사는 데 필요한 지식과 문화를 예수 그리스도의 사랑으로 보급시킴으로써 우리가 속한 사회에 기여하고자 합니다.

김수형 희곡집

지은이 · 김수형
초판 1쇄 찍은날 · 2001년 12월 10일
초판 1쇄 펴낸날 · 2001년 12월 20일
펴낸이 · 김승태
편집, 교정 · 이상윤
표지디자인 · 정휘윤
등록번호 · 제2-1349호(1992. 3. 31)
펴낸곳 · 예영커뮤니케이션
     110-616 서울 광화문우체국 사서함 1661
     유통사업부 T. (02)830-8566 F. (02)830-8567
     출판사업부 T. (02)766-8931 F. (02)766-8934
     E-mail: jeyoungedit@chollian.net

ISBN 89-8350-224-X   03230

copyright ⓒ 2001, 김수형

값 5,000원

■ 잘못 만들어진 책은 교환해 드립니다

교회 연극 연출노트 1
김수형 희곡집

예영커뮤니케이션

차례

들어가는 말 연극은 하나님을 닮았다 · 6
이 책의 창조적인 활용을 위해서 · 8

자아도취 · 9
열등감으로 외로워하는 형제의 이야기
- 등장인물 / 남 2, 여 2
- 공연시간 / 35분 정도
- 비고 / 헤럴드 연극제 우수상 · 연출상, 대학 채플, 교회 연극 집회 100여 회 공연

다섯번째 자살 · 37
다섯 번이나 자살을 시도했던 정신 병자와 크리스천 의사의 만남, 그리고…
- 등장인물 / 남 2
- 공연시간 / 30분 정도
- 비고 / '죽음'이란 주제로 청년 행사의 막간극으로 공연

흑두건 · 59
일제시대 어느 마을에 흑두건을 쓰고 선교를 하는 한 남자가 있었는데…
- 등장인물 / 남 5, 여 1
- 공연시간 / 25분 정도
- 비고 / 서울서지방 청년연합모임(예성) 공연작

세리 마태의 선택 · 77
예수의 부름과 로마 시민권 사이에서 갈등하는 마태와 율리오의 선택
> 등장인물 / 남 6~8, 여 2
> 공연시간 / 25분 정도
> 예성 교단 여름성경학교 교재 수록 작품

공개법정 / 구세주 살인 사건 · 97
공개 방송 현장에서 벌어지는 법정 연극. 과연 구세주를 죽인 범인은…
> 등장인물 / 남1 여1
> 공연시간 / 35분 정도
> 비고 / 숭실대, 숭의여전 채플 연극 공연작

막간극 / 별난 천사와 크리스마스 · 123
별난 천사가 들려주는 크리스마스 이야기
> 등장인물 / 남 또는 여 1
> 공연시간 / 20분 정도
> 비고 / 테마가 있는 크리스마스 풍경 '성탄 별곡' 공연의 막간극

예수! 그는 누구인가? · 133
부활의 아침이 오기 전 새벽에 만난 베드로와 말고, 사마리아 여인의 이야기와 노래
> 등장인물 / 남 5, 여 2
> 공연시간 / 20~30분 정도
> 비고 / 부활절 성가대 뮤지컬 공연작

현장 드라마 / 구원자 예수 · 147
야외 현장에서 전원이 참여하는 드라마. 2천 년 전 예수가 살던 그 현장으로…
> 등장인물 / 전체
> 공연시간 / 50분 정도
> 비고 / 수련회 현장 드라마, 캠프파이어 드라마

연극은 하나님을 닮았다

연극에 꼭 필요한 사람 셋이 있다면 극작가, 연출가, 배우일 것이다.
그래서 그런지 연극은 하나님을 닮았다.

하나님은 최고의 극작가이시다.
이 세상의 빈 공간에 천지 창조를 계획하시고, 그 아름다운 천지 안에 자신을 닮은 사람들을 계획하시고, 그 사람들의 역사 속에 구원의 사건을 계획하시고, 그 구원의 사건 속에 스스로 내려오시는 놀라운 반전을 계획하시고, 그 놀라운 반전 안에 죽음과 부활을 계획하셨던 하나님은 최고의 극작가이시다.

하나님은 최고의 연출가이시다.
한치의 오차도 없이 천지의 창조를 연출하시고, 인간의 죄 된 역사 속에서 신실한 약속의 역사를 연출하시고 아브라함, 이삭, 야곱, 요셉 그리고 모세의 극적인 삶을 연출하시고, 그 약속대로 예수의 탄생과 생애와 고통과 죽음과 부활과 승천을 연출하셨던 하나님은 최고의 연출가이시다.

하나님은 최고의 배우이시다.
하나님으로서 하나님 됨을 버리고 사람이 되신, 그래서 사람보다 사람을 더 이해하시고, 사람보다 더 사람을 사랑하셨던, 그리고 사람을 위해서 온 몸을 다 바치셨던 하나님은 최고의 배우이시다.

연극은 하나님을 닮았다.
나는 나의 연극으로 하나님을 닮아가기 원한다.
나는 나의 연극으로 다른 사람들이 하나님을 닮아가게 되기 원한다.
이것이 내가 연극을 하고 글을 쓰는 이유가 되기 원한다.

김 수 형

이 책의 창조적인 활용을 위해서

1. 이 책은 교회 연극을 위한 희곡집으로 연극을 전공한 작가가 교회 현장에서 오랜 기간 동안 창작·연출하고, 기획했던 연극 대본들을 모은 것이다.
2. 이 책은 단순한 희곡집이 아니라 연출가는 연출 노트로, 배우는 작업 노트로 활용할 수 있도록 구성했다.
3. 이 책 안에는 대사 좌우로 여백이 있는데 이곳은 연출가나 배우가 연극 연습 때 필요한 것을 메모할 수 있는 공간이다.
4. 이 책 안에는 작가가 직접 연출했던 경험을 토대로 연출가들에게 도움이 될 만한 것들을 메모해 두었는데, 연출가나 배우는 이를 참고해서 보다 좋은 작품을 만들 수 있다.
5. 이 책을 통해서 교회 연극 연출가가 작가의 작품을 단순히 무대 위로 나열하는 존재가 아닌, 나름대로 이해하고 해석한 작품을 자신이 전달하고 싶은 메시지와 무대 언어로 새롭게 표현하는 또 다른 창조자임을 경험하기 원한다.

**"연극은 모든 것을 창조한다.
문제는 어떻게 창조할 것인가이다."**

자아도취

등장 인물

형
동생
지연(형의 여자친구)
은영(동생의 여자친구)

작가 생각

1. 크리스천임에도 불구하고 열등감으로 인하여 소심하게 살아가는 두 형제의 이야기를 통해서 건전한 자아상을 회복하자는 내용을 희극적으로 담고 있다. 소요시간 30분.
2. 형제 둘이 서로 주고받는 대사와 연기가 극의 묘미다.
   재치 있고 순발력 있는 배우를 선택하는 것이 좋다.
3. 사실적인 방법보다는 다소 우화적인 방법으로 극을 연출하는 것이 좋다.
4. 무대장치나 소품을 기발한 아이디어로 연출하면 더 흥미롭다.
5. 주로 경쾌한 음악으로 장면 전환을 해주며, 푸른 하늘의 〈자아도취〉 같은 노래를 하나의 테마곡으로 정해서 사용해도 좋겠다.
6. 공연하는 주최측의 여건에 맞게 극 중 형제의 직업이나 신분을 변형하여 사용할 수 있다.
7. 연출자의 재량으로 적절한 대사나 장면을 첨가하여 더 다양하게 표현할 수 있다.

어둠 속에서 '푸른하늘'이라는 가수의 〈자아도취〉라는 노래가 시작된다.
무대 위에는 유치원 복장을 한 여자아이 하나와 남자아이 둘이 보인다. 두 형제의 어릴 적 모습이다.
노래 가사가 시작되면 가사의 내용에 따라 형과 동생은 여자아이를 가운데 두고 서로 대결을 한다. 이때 움직임은 소리 없이 행동으로만 한다.

- '푸른하늘'의 〈자아도취〉 -

못생긴 얼굴에 작은 키로 어쩜 넌 그 애를 좋아하니
끌리는 마음 이해하겠지만 넌 안 돼, 안 돼

형은 뭐 잘 났수. 그 얼굴에 그 애와 난 이미 통했는 걸
모든 걸 양보해도 이번만은 난 안 돼, 안 돼

세상일이 힘이 들 때마다 너와 난 서로 말은 안 했지만
느낌으로 눈빛 하나만으로 서로 이해하며 웃음 지었는데
그까짓 사랑 유치한 감정에 이렇게 싸우는 건 맘에 안 들지만
포기 못해 이번만은, 나 역시도 이번만은 양보할 순 없지

내가 예쁜 건 사실이겠지만 날 두고 서로 다투지는 마요.
아직은 누구도 사랑할 생각 난 없어, 없어…

두 형제를 남겨두고 여자아이는 떠나간다. 아쉬워하는 두 형제.

연출 노트

#1
이 부분은 연극의 도입부로 두 형제의 어릴 적 모습을 보여준다. 다른 곳과는 달리 밝은 색 조명을 사용한다.

#2
두 형제의 어릴 적 자아도취와 청년 때의 자기 열등감은 어쩌면 비슷한 맥락일지도 모른다.

📝 **연출 노트**

서로의 탓이라며 두 아이가 싸우다가 둘 다 울면서 퇴장한다. 서서히 음악이 작아지며 무대 암전.

1장 - 두 형제

무대 한쪽으로 성인이 된 형이 등장한다.

형　　세상은 불공평해요.
　　　잘 사는 사람, 못 사는 사람. 똑똑한 사람, 멍청한 사람. 성질 더러운 사람, 온순한 사람. 키 큰 사람, 키 작은 사람. 영어로 하면 롱다리, 숏다리. 그리고 영어를 잘 하는 사람, 못 하는 사람. 잘 생긴 사람, 못생긴 사람. 검은 사람, 하얀 사람. 더위를 잘 타는 사람, 추위를 잘 타는 사람.
　　　이처럼 세상은 모든 게 다 달라요.
　　　불공평한 것이 너무나 자연스러운 것처럼 말이에요.
　　　우리 집도 그래요.
　　　(무대 반대쪽에서 동생이 등장한다. 영어로 된 책을 읽으면서 고상한 모습으로 등장)
　　　내 동생이에요. 동생은 저보다 두 살 아래지만 사실 아는 것은 저보다 더 많아요. 동생은 대학생이거든요. 학교에서 공부도 아주 잘 해요. 그래서 그런지 부모님도 나보다는 대학생인 동생을 더 믿으시는 것 같아요.

#3
여기서 보이는 동생은 형의 상상 속에서 존재하는 동생으로 다소 과장되게 표현한다.

(부러운 눈초리로 동생을 바라보며)
동생은 멋있어요. 똑똑하고, 의젓하고…. 하지만 난 아직 아무 것도 아니에요. 내가 형이지만 난 동생보다 잘난 게 하나도 없어요. 내가 형이지만….

형 힘없이 퇴장하고, 책을 읽던 동생이 무대 앞으로 다가간다.

동생   세상이 너무 불공평해요.
질서대로 이루어지는 것이란 하나도 없어요. 일을 안 해도 땀흘리는 사람보다 더 잘사는 사람이 많이 있고, 죄를 많이 지어도 떵떵거리며 사는 사람이 있고, 공부를 안 해도 커닝을 해서 학점이 잘 나오는 사람이 있고, 천부적으로 똑똑한 머리를 타고나서 노력을 하지 않아도 성공하는 사람이 있어요.
반면에 아무리 수술해도 못생긴 얼굴을 가진 사람이 있고, 노력해도 공부 못하는 머리 나쁜 사람이 있고, 능력이 있어도 운이 없어 사업이 망하는 사람이 있고, 운동을 좋아하지만 병에 걸리는 사람도 있잖아요.
세상은 모두가 불공평해요. 그래서 사람들은 늘 타인을 동경하며 쓸쓸하게 살아가는지도 몰라요. 우리 집도 그래요.
(다시 형이 멋지고 활기찬 모습으로 등장한다)

📝 연출 노트

#4
여기서 보이는 형도 동생의 상상 속에 존재하는 모습으로 표현한다.

자아도취 **13**

> **연출 노트**

우리 형이에요. 고등학교를 졸업해서 지금은 회사에 다니고 있어요. 형은 나보다 두 살 위긴 하지만 벌써 자립해서 부모님을 돕고 있어요. 형은 다재다능 하거든요. 성격도 활달하고, 재치가 있어서 형이 말하면 모든 사람이 웃어요. 난 그런 성격이 참 부러워요.
그리고 형은 운동도 아주 잘해요. 축구, 야구, 배구, 달리기, 못하는 운동도 없고 실력도 수준급이에요. 회사나 교회 안에서는 형이 가장 인기가 있어요.
그런데 난 고리타분한 성격에 할 줄 아는 건 아무 것도 없어요. 형보다 두 살밖에 어리지 않은데….

암전

2장 - 열등감

무대 중앙의 조명이 밝아진다.
두 사람은 거울을 보듯이 관객을 보면서 몸단장을 하고 있다.
서로가 같은 날에 데이트 약속이 있는 것이 왠지 불안하다.

형	몇 시에 약속이야?
동생	형은?
형	7시.
동생	나도 그런데….

형	(놀라서) 그럼, 장소는?
동생	설마 장소까지 똑같을까?
형	말해봐! 뭐 날짜가 똑같을 줄은 누가 알았어?
동생	형, 어디서 만나기로 했는데, 나는…
형, 동생	(동시에 같은 동작으로) 시청 앞 덕수궁 정문 옆에 있는 아름드리 큰 나무!
동생	(동시에 놀라며) 형도?
형	그럼, 너 나무 오른쪽이야? 왼쪽이야?
동생	오른쪽.
형	정말?
동생	그것도 똑같아?
형	아니, 그것만 달라.
동생	그나마 다행이네.
형	야! 우린 닮은 데도 없는데 결정적인 일에는 왜 이렇게 비슷한지 모르겠다.
동생	데이트 장소 결정할 때 서로 물어보고 결정해야겠어.
형	그래!

두 사람, 다시 몸단장한다. 객석을 향해 거울을 쳐다보듯 바라보면서

형	하여튼 저 녀석 근처에서 데이트를 하면 내가 손해야.
동생	형 옆에 있으면 내가 늘 기가 죽어서.
형	에이, 난 왜 이렇게 눈꼬리가 처졌지? 저 녀

📝 **연출 노트**

#5
이 연극에서 두 형제가 동시에 하는 행동과 대사는 결국은 서로가 닮은 한 형제라는 암시이다.

#6
형과 동생의 시선을 거울(관객 방향)과 서로의 얼굴 사이에서 절묘하게 교차시키면 두 사람의 서로 다른 가치관을 재미있게 보여줄 수 있다.

자아도취 **15**

📝 연출 노트

	석은 멋있게 올라갔는데.
동생	난 눈꼬리가 왜 이렇게 치켜 올라갔지? 형은 부드럽게 내려갔는데.
형	내 입술은 또 왜 이렇게 두꺼워?
동생	내 입술이 더 두꺼워. 게다가 코까지 주저앉았고.
형	내 코가 더 가라앉았어.
형, 동생	(동시에 머리를 두 손으로 쥐어뜯으며) 난 왜 이럴까!
	(서로 마주친다)
형	야! 너, 뭐해?
동생	형은 뭐해?
형, 동생	(동시에) 어, 머리가 지끈해서.
형	너도?
동생	(동시에) 형도?
형	(둘이 겸연쩍게 웃다가) 참, 너 그 여자하고 잘 되가니?
동생	어, 그냥, 그럭저럭. 형은?
형	나야 뭐… 아, 아니야. 그냥… 잘 돼.
동생	그래, 그렇겠지. 형은 멋있으니까.
형	무슨 소리야. 니가 훨씬 멋있지. 넌 우리 집의 엘리트잖아.
동생	아니야. 난 별로야. 형이야말로 사나이 중의 사나이잖아.
형	그러지 마. 니가 너 멋있다는 것은 대한민국이 다 아는데.

동생	아니야. 놀리지 마. 형이 정말 사나이 중에….	
형	(말을 끊으며) 야, 우리 이제 그만 하자. 시간 다 됐어.	
동생	알았어.	
형	우리, 이번 데이트의 성공을 위해 파이팅 한 번 할래?	
동생	좋아, 형.	
형	그럼, 너부터 한 마디 멋있게 해봐.	
동생	알았어. 음… 우리 형제의…	
형	어, 우리 형제의!	
동생	순결한 사랑을 위해!	
형	순결? 그래 역시 넌 배운 놈 같다.	
동생	이번엔 형이 해.	
형	좋았어. 어… 하나님이 말씀하시길! 항상 사랑하라, 쉬지 말고 사랑하라, 범사에 사랑하라.	
동생	와!	
형, 동생	(동시에) 아멘!	

📝 **연출 노트**

암전

3장 - 데이트

조명이 밝아지면 공원 가로등 아래 형과 여자 친구가 보인다.

형　　　　지난번에 박찬호 야구하는 거 보셨어요? 야!

#7
경쾌한 브리지 음악

> 📝 **연출 노트**
>
> #8
> 이 부분 형의 대사는 최근 스포츠 정보로 바꾸어서 말한다.

	너무 잘하지 않아요? 한국 선수가 외국에 나가서, 그것도 야구의 본고장인 미국에 가서 그렇게 잘할 수 있다는 것은 완전히 인간 승리예요. 인간 승리. 그리고 공도 잘 던지지만 투수 중에서는 타격도 기가 막히거든요. 올해는 20승을 할 수 있을까요? (지루해하는 여자를 발견하고) 재미없어요? 그럼, 다른 얘기할까요? (고민하다가) 지난주에 한일전 축구하는 거 보셨어요? 한일전은 정말… 볼 때마다 명승부예요, 명승부! 전에는 일본 정도는 가볍게 이겼는데, 요즘엔 워낙 일본 축구가 강해져서 만만치가 않거든요. 이 한국 축구의 문제는 기본기예요. 정확한 패스와 개인기가 없이 맨날 정신력으로만 하니까… (여전히 지루해 하는 여자를 발견하고) 재미없어요? 그럼, 다른 얘기할까요? 저…
지연	(말을 끊으며) 권투 얘기하려고 했죠?
형	(놀라며) 예! 아니, 그걸 어떻게 알았어요?
지연	내가 바보예요? 만날 때마다 맨날 똑같이 스포츠 얘기만 하는데 내가 왜 몰라요. 처음엔 야구, 그 다음엔 축구 그리고 권투 다음에 농구, 농구 다음에 육상, 수영, 탁구…
형	잠깐만요. 저… 육상하고 수영이 바뀌었는데요.

지연	어쨌든 난 운동 안 좋아해요.	📝 **연출 노트**
형	왜요?	
지연	땀 냄새 나서 싫어요. 난 정치나 경제 얘기가 더 재미있어요. 젊은 사람이라면 스포츠보다는 그런 곳에 더 관심이 있어야죠.	
형	(관심을 끌기 위해 과장된 어조로) 아, 예! 정치! 관심 있죠. 제 동생도 정치외교학과 학생이거든요. 우리는 맨날 정치 얘기하고 그래요.	
지연	참, 지난번에 신촌에서 동생을 만났었죠!	
형	예, 우연히 만났죠.	
지연	참 인상 좋더라. 대학생이라 그런지 똑똑해 보이고. 동생, 공부 잘 하죠?	
형	예? (다소 시큰둥해서) 예, 뭐… 좀 하죠.	
지연	그럼, 동생은 이담에 외교관이 되는 건가요?	
형	예, 뭐… 그런가 봐요.	
지연	동생은 주로 어떤 책 많이 읽어요?	
형	예? 아, 예! 뭐… 글쎄요. 그게 전부 영어로 써 있어서…	
지연	어머, 원서를 그냥 읽어요? 너무 멋있다. 난 똑똑한 사람 너무 좋아하거든요.	
형	우리, 다른 얘기하죠? 제가…	
지연	동생, 여행가는 것 좋아해요?	
형	(자신 있게 큰 소리로) 아뇨. 걘 놀 줄 몰라요!	

자아도취 **19**

📝 **연출 노트**

            (동생의 약점을 말하듯이) 맨날 그냥 도서관에만 있어요.

지연   어머, 학구파네요! 역시 공부를 하려면 그렇게 해야지.

            (애교 있는 말투로) 나, 언제 한 번 집에 놀러 가도 될까요?

형   예?

지연   동생 집에 있는 날 말예요!

암전. 그리고 잠시 후, 다시 밝아지면 동생과 여자친구가 공원 벤치에 앉아 있다. 이 때 여자 친구 역할은 형의 여자친구 역할과 함께 1인 2역이 가능하다.

#9
경쾌한 브리지 음악

#10
1인 2역은 연극적 재미와 함께 서로 다른 두 사람이지만 모두가 한 인간으로서 동일함을 표현하는 방법이기도 하다.

동생   저… 이번 선거는 잘 모르겠어요. 여당이나 야당이나 비슷비슷해서요. 은영 씨는 누구 쪽을 거예요? 하긴 기권할 수도 있겠죠. 워낙 정치판이 혼란스러우니까요.

은영   (지루해하며) 저, 재미있는 얘기 없어요?

동생   재미있는 얘기요? 그럼 이번엔 시험 얘기할까요? 이번 학기엔 20학점을 신청했었는데요, 공부하기가 좀 힘들었어요.

은영   그런 얘기 말고요. 뭐, 좋아하는 운동 있어요?

동생   운동이요? 예, 줄넘기 좋아해요.

은영   그런 것 말고요. 프로야구나 농구, 축구 같은 것 말이에요. 난 이승엽 선수 팬이에요. 거긴

	누구 좋아해요?
동생	이승엽이 누구죠? 전 스포츠에 대해선 잘 몰라요. 형이나 좋아하죠.
은영	참, 전에 우리 교회하고 친선 체육대회 할 때 운동 잘하던 그 사람이 형이라면서요? 친구가 그러던데.
동생	글쎄요. 저는 그때 안 가서 잘 모르지만 형이 맞을 거예요. 형은 운동을 아주 잘 하거든요.
은영	그래요. 정말 멋있었어요. 그날 축구를 하는데, 혼자 세 골을 넣었잖아요. 덕분에 우리 교회가 졌지만…. 형은 농구도 잘 하고 달리기 할 때도 1등만 한다면서요? 그럼, 형도 학생이에요?
동생	아뇨. 형은 회사 다녀요. 나중에 사업할 건가 봐요.
은영	하긴 남자라면 사업을 해야지. 요새는 대학 나와도 별 수 없는데, 형은 참 생각이 시원시원한 것 같아요. 그런 사람이 성격도 활달하고 믿음직스러운 것 같던데…나, 언제 한 번 형 좀 소개시켜 줄래요?
동생	예?

암전

4장 - 휴학계와 사직서

> 📝 **연출 노트**
>
> #11
> 외로운 느낌의 브리지 음악

자아도취 **21**

📝 연출 노트

서서히 중앙 무대에 불이 들어오면 두 사람 힘이 빠진 채, 봉투를 하나씩 들고 등장한다.

형   그게 뭐니?
동생   휴학계.
형   휴학하려고?
동생   그냥 좀 쉬고 싶어서. 생각할 것도 있고. 내가 뭘 배우고 있는 건지 잘 모르겠어.
형   엄마가 뭐라고 그러실 텐데.
동생   하지만 난 결정했어. 내일 말씀드리려구. 형은 그게 뭐야?
형   어, 이거? 사… 사직서.
동생   아니, 왜?
형   그냥, 생각할 게 있어서. 나… 다시 공부 해 볼까 해서.
동생   아빠가 허락하실까?
형   나도 결정했으니까, 내일 허락을 받을 거야. 그만 자자.
동생   어. (사이) 형, 무슨 일 있었어?
형   아니야. (사이) 넌, 무슨 일 있었니?
동생   아니, 별로.
형   그래, 그럼 자자.
동생   응.

두 사람, 무대 뒤편에 놓여 있는 이불을 가져다가 선 채로 이불을 들어올린다. 누워서 잠자는 연기를 관객이 볼 수 있도록 무대

#12
누워 있어야 할 배우를 세우는 것은 연극적 재미를 주면서 배우의 연기가 관객에게 잘 보이도록 하기 위해서이다. 이불이 행동선에 걸리지 않도록 주의한다.

위에 서서 한다. 속상해서 뒤척이는 두 사람. 잠이 안 오는지 형이 자리에서 빠져나와 서성거린다. 크게 한숨을 쉰다.

형　　　(하나님께 푸념하며) 공평하신 하나님! 공평하긴 뭐가 공평해요. 이게 공평한 건가요? 난 아무 것도 가진 게 없잖아요. 다른 사람들은 부모 잘 만나서 대학도 가고, 유학도 가는데. 난 이게 뭐예요? 난 머리도 나쁘고, 공부도 못해요.(울먹이며)
게다가 난 얼굴도 못생겼고. 왜 날 이런 모습으로 만드셨어요?

동생　　(잠에서 깨어나며) 형, 왜 그래?
형　　　아, 아니야.
동생　　(형에게 다가가) 형 왜 그래?
형　　　넌 말해도 내 마음 몰라.
동생　　어떤 마음?
형　　　몰라!
동생　　어떤 마음?
형　　　(동생을 밀치며 크게 화를 낸다) 글쎄, 넌 모른다니까! 그래! 난 너처럼 배우지 않았어. 난 무식하단 말이야!
　　　　(다소 진정해서) 나… 내가 왜 사는지 모르겠어. 그냥 어쩌다 태어나서 무의미하게 살아가는 것 같단 말이야. 사회에서는 나같이 머리 나쁜 사람을 필요로 하지 않아. 게다가 난 얼굴도 못생겼고. 난 쓸모 없는 인간이란 말

> 📝 **연출 노트**
>
> #13
> 우화적인 연극이지만 형 역의 배우가 가장 진지하고 솔직하게 연기해야 할 곳이다.

📝 연출 노트

	야.
	(울음이 터지고)
동생	아니야, 형. 형은 멋있는 사람이야.
	(동생도 울먹거리며) 난 형이 부러운데.
형	뭐가?
동생	형의 모든 것이.
형	웃기지마.
동생	정말이야. 정말 비관해야 할 사람은 나야. 난 너무 고리타분하고 내성적이야. 운동도 못하고, 제대로 놀 줄도 몰라. 여자들 앞에서는 제대로 말도 못하고. 공부만 잘하면 뭐해. 사람들이 나를 좋아하지 않는데. 나야말로 왜 사는지 모르겠어. 난 무능하고, 싱거운 인간이야. 정말 사회에서 필요 없는 사람은 나라구.
	(더 큰소리로 운다)
형	(형도 더 큰 소리로 울먹거리며) 야, 울지 마. 넌 멋있는 놈이야.
동생	아냐. 형이 멋있어. 형, 울지 마.
형	니가 멋있다니까. 울지 마.
동생	아니야! 난 재미없는 놈이란 말야.
	(큰 소리로 운다)
형	난 무식한 놈이야.

형과 동생, 서로 부둥켜안으며 서럽게 운다.

#14
동생 역의 배우가 가장 진지하고 솔직하게 연기해야 할 곳이다.

동생	(울다 말고) 잠깐, 형.	연출 노트
형	왜?	
동생	형은 내가 멋있어?	
형	그래, 넌 멋있어.	
동생	난 형이 멋있는데?	
형	너 잠이 덜 깼니?	
동생	아냐. 멀쩡해. 꿈꾸고 있는 게 아니잖아.	
형	그야 그렇지.	
동생	그리고 우린 자기보다 서로를 더 좋아하고 있단 말이야.	
형	응.	
동생	그러니까.	
형	그러니까.	
동생	서로를 바꾸는 거야.	
형	뭘 바꿔?	
동생	서로 좋아하는 것. 난 형의 좋은 점을 갖고, 형은 나의 좋은 점을 갖고.	
형	너 미쳤니? 그걸 어떻게 바꿔?	
동생	간단해. 일단 서로가 상대에게서 갖고 싶은 점을 말하고…	
형	말하고!	
동생	하나님께 기도하는 거야. 바꿔 달라고.	
형	그럼, 바꿔 주신다고 하나님이 언제 너에게 개인적으로 말씀하시든?	
동생	믿는 자에겐 능치 못함이 없다.	
형	믿는 자에게 능치 못함이 없다?	

📝 연출 노트

동생	그래 성경 말씀이야. 믿고 기도하는 거야.
형	믿는 자에겐 능치 못함이 없다? 좋았어. 그럼 어떻게 해야 되지?
동생	자, 우선 서로 원하는 것을 말하는 거야. (두 손을 모아 기도한다) 하나님, 저는 형의 활달한 성격을 갖고 싶어요.
형	(동생을 따라서) 하나님, 저는요, 동생의 학벌이 갖고 싶어요.
동생	하나님, 저는 형의 운동 실력을 갖고 싶어요.
형	하나님, 저는 동생의 똑똑한 머리를 갖고 싶어요.
형, 동생	예수님 이름으로 기도합니다. 아멘!
동생	(자신 있게) 됐어, 우린 서로 바뀐 거야.
형	(미심쩍어서) 정말?
동생	그럼. 우리 옷도 바꿔 입자. 난 형 옷이 맘에 들어. (옷을 가져와 서로 바꿔 입는다)
형	어, 그래. 그러고 보니까 나도 네 옷이 더 맘에 드는데. 야, 내가 어떻게 이런 날라리 같은 옷을 입었지? (머리에 이상을 느끼며) 가만, 좀 이상한 기분이 드는데?
동생	어떤 기분?
형	어, 내가… 내가 똑똑해지는 것 같아. 자꾸 입에서 영어가… 헬로우! 뭐? 헬로우? 와! 예스 아이 캔! 우와! 내가 영어를 하다니.

#15
옷은 나중에 원래대로 바꿔 입어야 한다. 꿈 이전과 이후가 동일하도록.

	(하늘을 향해 두 팔을 벌리며 절규하듯) 오! 마이 갓!	**연출 노트**
동생	거봐. 기도하면 된다니까. 벌써 9시야. 난 밖으로 나가고 싶어 미치겠는데. 형은 내 학벌을 요구했으니까 학교로 가면 되고, 그럼 난 회사로 가겠어. 점심 시간에 운동장에서 농구해야지. 일 끝나면 볼링 치러 가고.	#16 자기 입에서 나오는 영어에 자기가 더 놀라서 흥분한다.
형	야, 힘든데 무슨 운동이니? 조용히 책이나 읽지. 난 학교 도서관에 가서 책 읽다가 수업 시간 맞춰서 들어갈 거야.	
동생	그래! 형 맘대로 해.	
형	그래, 너도 네 맘대로 해!	
형, 동생	가자! 우리의 새로운 인생을 향하여!	

두 사람, 힘차게 뛰어나가며 암전.

5장 - 내 모습 이대로

다시 불이 들어오면 두 사람 모두 지쳐서 맥이 빠진 모습으로 들어온다.

#17
경쾌한 브리지 음악

형	답답해. 너무 답답해.
동생	힘들어. 정말 힘들어.
형	재미없고, 지긋지긋하고.
동생	귀찮고, 정신없어.
형	야! 나, 너 못하겠어.

📝 **연출 노트**

동생　(동시에) 나, 형 못하겠어.
형　뭐, 그래? 대학이란 게 교수님 강의는 재미없고, 졸려서 미치는 줄 알았네.
동생　신 교수님이 강의하셨구나.
형　말도 마. 얼마나 지독한 지 알아?
동생　그럼, 내가 왜 몰라.

형, 무대 뒤쪽에 있던 의자를 가지고 와서 앉는다. 의자에 앉자마자 졸고 있는 형.
동생, 교수가 되어 지휘봉을 하나 꺼내들며 수업을 진행하다가 잠자는 학생을 발견하고

#18
배우의 1인 3역의 연기가 필요한 재미있는 부분이다. 서로의 기억 속에 존재하는 인물을 서로가 연기한다. 꿈속이기 때문에 다소 과장되고 재미있는 연기가 가능하다.

동생(교수)　이것 봐, 학생. (사이) 학생! (큰 소리로) 학생!
형　(졸다가 놀라서) 아, 깜짝이야!
　　(하품을 한다)
동생(교수)　자네 수업료 꿈에서 냈나? 왜 꾸벅꾸벅 조는 거야. 내 강의가 그렇게 달콤한가?
형　아, 아니요. 저, 어제 밤에 잠을 설쳐서요.
　　(다시 하품한다)
동생(교수)　그럼, 자네 다음주까지 수면 관리에 대해서 리포트 서른 장 써오게나.
형　예? 서른 장이나요? 저, 교수님. 제가 아직 동생이 된 것이 좀 익숙지가 않아서 그렇거든요. 한 열 장만 깎아 주시겠습니까?
동생(교수)　자네는 숙제도 깎나? 공정거래법에 대해서

	추가로 서른 장을 더 써오게.
형	예? 서른 장 더요? 아휴!
동생(교수)	그리고 다음 주에는 이제까지 배운 모든 것에 대해서 시험을 치르도록 하겠어요.
형	예? 시험까지요? (의자에 주저앉는다)
동생	(이젠 동생의 말투로) 친구들하고는 어땠는데?
형	말도 마. 더 악몽 같았어. 아니, 친구들이 나한테 괜찮은 여자를 소개시켜 주려고 그랬거든.
동생(친구)	(이번에는 형의 친구가 되어서) 야, 바로 저 여자야. 저 여자가 너에게 관심을 보였다 이 말이야. 그러니까 지금 니가 가서…(관객에게 다가가려 한다)
형	(놀라며) 야, 어딜 가?
동생(친구)	어디긴, 저 여자한테지. 어서 가 봐.
형	싫어. 가서 무슨 말을 해?
동생(친구)	무슨 말은… 날 잘 봐. (관객 중 한 아가씨에게 다가가) 아가씨, 퇴색해 버린 한 장의 낙엽이 시가 되어 떨어지는 이 가을날! 진한 커피 향을 함께 나누며, 김소월 선생님의 문학에 대해서 이야기를 나누시겠습니까? 뭐, 이렇게 하면 되잖아.
형	에이, 난 못해. 겁나.

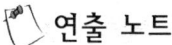 연출 노트

#19
간단한 소품을 활용해서 다른 역할임을 보여준다. 이런 소품들은 배우들이 연기 중에 쉽게 잡을 수 있는 위치에 있어야 한다.

📝 **연출 노트**

#20
이 부분 역시 꿈속이므로 다소 과장되고 재미있는 연기가 가능하다. 일방적인 간부의 모습으로 빠르게 전개해야 한다.

동생(친구)   야. 너, 저 여자가 맘에 안 드냐?
형   아니, 그건 아닌데. 그냥 부끄럽잖아.
동생(친구)   어이구, 됐어! 싫으면 관둬!
형   야, 난 원래 이런 성격이 아니었잖아. 학교 생활도 갑갑하고.
동생   나도 그래, 형.
       회사 일도 매일 같은 시간에 같은 일을 한다는 것이 어렵기도 하지만, 내가 운동을 잘 한다고 추운 날 자꾸 나만 시키잖아. 일도 해야 하고, 운동도 하려니까 너무 힘들어. 회사 간부들이 뭐라는 줄 알아?
형(간부)   (회사 간부가 되어) 야, 그래도 우리 회사엔 자네 밖에 없어. 넌 우리 회사의 위대한 골게터야. 그러니까 오늘 근무 끝나면 선수들 연습시키고 자네도 연습하고 그래야 돼! 우리 사장님 운동 좋아하시는 거, 알지?
동생   예!
형(간부)   그리고 이번에 축구 시합이 끝나는 대로 바로 배구 시합이 있어. 그러니까 자네 시간 나는 대로 선수들 연습시키고, 자네도 시간 날 때마다 배구공 가지고 열심히 연습해야 돼, 알았지?
동생   저, 다음 주에는 제가…
형(간부)   다음주, 알고 있구만! 다음주에는 직장인 수영 대회가 있잖아. 그러니까 자네 시간 나는 대로 말야… 그래! 아예 물 속에 들어가 있

	어, 알았지? 이 친구, 아주 보물단지야, 보물단지.
	참, 그리고 말야. 너 우리 회사하고 라이벌 회사 알지? 그 회사와 우리 회사와의 라이벌전! 글쎄, 그게 다음 달에 있대. 그러니까 자네 시간 나는 대로 선수들 연습시키고 자네도 연습하고 그래야 돼. 알았지?
동생	아니 제가…
형(간부)	이번엔 지면 안 된다니까!
동생	그게 아니라, 제가…
형(간부)	사장님! 운동 좋아하시는 거 알지?
동생	(마지못해서) 예…
형(간부)	그리고 이번 라이벌전에 하이라이트 있잖아. 그 마라톤 신기록 말야. 그거 자네가 깨야 돼. 우리 회사에 자네말고 또 누가 있겠어. 그러니까 자네 시간 나는 대로… 그래, 아예 물 속에서 뛰어다녀! 알았지? 뛰어다녀! 자넨 말이야 우리 회사의 스타야, 스타!
동생	그럼, 뭐해? 일은 일대로 밀려서 과장님에게 혼나고, 추운데 운동 연습하고. 그리고 또 동문회에서는 뭐라는 줄 알아?
형(친구)	(동문 친구가 되어서) 야, 너 밖에 없다니까. 봐라. 우리 동문회에서 말 잘하고 재치 있는 사람. 너밖에 누가 있냐? 네가 이번 동문회 행사 사회를 좀 봐라.
동생	싫어. 일 없어!

📝 연출 노트

📝 **연출 노트**

형(친구)	일이 없기는… 이번 동문회 행사는 아주 큰 거란 말이야. 빵빵한 선배들도 많이 온다니까. 그러니까…
동생	빵빵이고 뭐고, 나 싫어! 안 해!
형(친구)	야! 너 사회 보면서, 거 잘하는 거 있잖아. 레크리에이션 앤드 댄스 파티! 그러면 끝내준다니까. 그러니까 꼭 한 번만 해라.
동생	(화를 내며) 싫어, 안 해!
형(친구)	(더 크게 화를 내며) 야!
동생	(겁에 질려서) 왜…
형(친구)	(다시 끈질기게) 부탁이다. 이번 한 번만 해 줘라!
동생	나 이제 공부하고, 책 읽고 싶어졌어.
형	그래, 우리가 뭔가 잘못 생각했나 봐.
동생	정말이야. 모든 사람에게는 각자 자기 자신이 가장 잘 어울리는 건데…
형	그래! 욕심 때문에 자기 것보다는 남의 것을 더 그리워한 거야.
동생	사실은 다 마찬가지인데.
형	야, 우리 원래대로 다시 바꾸자.
동생	그래 형. 옷부터 바꿔 입고. 다시 기도하자.
형	그래!

두 사람 기도한다.

동생	하나님, 원래 제 모습을 돌려 주세요.

#21
서로의 과거 이야기가 끝나는 부분에서 자연스럽게 움직이며 소품들을 정리하고 다시 현재로 돌아온다.

형	하나님, 저두요. 원래 제 모습 돌려 주세요.	
형, 동생	우리가 잘못 생각했어요, 하나님.	

효과	이상한 굉음 소리가 들린다. 사탄의 분위기가 느껴지는

형	(놀라서) 야, 이게 무슨 소리야?
동생	(놀라서) 글쎄… 형, 이 소리는… 형, 우리가 사탄에게 속은 것 같은데.
형	뭐? 사탄? 안 돼, 난 원래 내 모습으로 바뀌야 된단 말이야.
동생	나도 그래. 원래 내 모습을 돌려줘.
형	나도 내 모습 돌려줘.
형	안 돼!
동생	안 돼!

두 사람, 무대 위를 뛰어다니다가 이불 속으로 들어간다. 처음 이불 속에서 잠자던 모습으로 두 사람 악몽을 꾸듯 심하게 뒤척인다.

형	아, 안 돼!
동생	나, 나도 안 돼!

잠에서 깨어난 두 형제. 여기가 어딘지, 지금이 언제인지 알 수가 없다.

연출 노트

#22
조명도 불안하게 깜박거린다.

📝 **연출 노트**

#23
꿈속의 경험을 통해서 지금 새로운 것을 하나씩 깨달아가는 느낌으로 연기해야 한다. 갑작스런 반전은 너무 의도적 느낌을 준다.

형　　어, 여기가 어디지?
동생　꿈이었나?
형　　꿈? 야! 그럼, 나 네 형 맞니?
동생　어, 형 같아. 난?
형　　너도 내 동생 같아.
동생　우리 꿈꾸기 전하고 바뀐 것 없겠지?
형　　없겠지. 꿈이었으니까. (사이) 아냐! 하나 있어! 하나님은 공평하시다는 것! 그래, 하나님은 정말 공평하신 분이야. 우리는 다른 사람을 부러워할 필요가 없어. 다 똑같잖아.
동생　우리들 눈에는 서로가 다 달라 보이지만 사실은 하나님 보시기에 다 똑같은 것인지도 몰라. 모든 꽃이 다 다르지만 우리 보기에 다 예쁜 것처럼 말이야.
형　　그래, 부자나 가난한 사람이나 다 돈 걱정하기는 마찬가지잖아.
동생　건강한 사람이나 병든 사람이나 때때로 아프기는 마찬가지고.
형　　잘 생긴 사람이나 못생긴 사람이나 근심이 있기는 마찬가지고.
동생　배운 사람이나 못 배운 사람이나 너무 모르고 사는 것은 마찬가지고.
형　　새들은 날 수 있는 날개가 있고, 짐승들은 뛰어다니는 튼튼한 다리가 있고, 물고기들은 물 속을 헤엄치는 지느러미가 있고. 이것 봐. 모두가 공평하잖아.

동생	손, 발, 눈, 코, 귀 모두 다르지만 소중하기는 모두 마찬가지.	**연출 노트**
형	그래! 우리는 모두가 다 소중한 하나님의 아들, 딸이잖아.	
동생	하나님은 정말 공평해.	
형	그래, 정말 소중한 것은…	
동생	어떻게 사느냐!	
형	무엇을 위하여 사느냐!	

두 사람 서로 가지고 있던 휴학계와 사직서를 찢는다.

형	난 다시 회사에 가서 일할 거야. 내 모습 이대로!
동생	나도 다시 학교에 가서 공부하겠어. 내 모습 이대로!
형	그래! 우린 서로 생긴 건 다르지만.
형, 동생	우린 한 부모 밑에서 태어난 사랑 받는 한 형제라고.

두 사람, 찢은 봉투 조각을 하늘 위로 던져 날린다. 그리고 서로 부둥켜안는다. 경쾌한 음악과 함께 서서히 암전.

\- 막 -

#24
머리 위로 던지는 하얀 종이 조각은 두 형제의 사라진 열등감과 회복한 자아상을 축하하는 마지막 장면이다.

다섯 번째 자살

등장 인물

의사
동구

 작가 생각

1. 다섯 번이나 자살을 시도했다가 정신병원으로 온 특이한 환자를 한 의사가 상담, 치료하는 과정에서 오히려 모순되고 안일했던 자신의 신앙을 인식하게 된다는 내용의 2인극이다. 소요시간 25~30분.
2. 다섯 번이나 자살을 시도한 환자라고 해서 동구를 우울한 모습으로 그리기보다는 오히려 활달하면서도 사이코 같은 인물로 설정해서, 극의 진행을 보다 다양하고 빠르게 처리했다.
3. 무대 장치는 특별한 것을 요하지 않으며, 의자와 책상, 전화기를 준비하고, 노래하는 장면에서는 마이크와 앰프 등 음향 시설을 사용할 수 있으면 좋다.
4. 지루해질 수 있으므로 극의 템포가 생명이다. 때로는 장난스럽게 말하다가 순간적으로 진지하거나 폭발하는 대사, 진지하고 무거운 분위기에서 농담처럼 터져 나오는 변화무쌍한 연기가 환자에게 필요하다. 극중 자살 장면은 과거의 회상으로 이해하기 바란다.
5. 의사 의상은 가운을 입어도 상관없지만 환자는 환자복보다 일반 사복이 극 흐름상 더 효과적일 것이다.
6. 장면 중간에 일관성 있고 적절한 음악을 선정하여 막간을 이어 주면, 극의 효과를 더 높이고 매끄럽게 진행시킬 수 있다.
7. 주로 대사로 이끌어 가는 연극이니만큼, 필요에 따라서 대사를 삭제하거나 첨가해 보다 다양하고 구체적인 내용을 전달할 수 있다.

1장

무대 위에는 우측에 작은 탁자가 있고, 그 위에 전화기가 놓여 있다. 그리고 좌측에는 책상과 의자가 반듯하게 놓여 있다. 막이 오르면 음악이 흐르고, 이어서 전화벨 소리가 크게 들린다. 핀조명, 전화를 비추면 빛 안으로 의사가 등장해서 수화기를 든다.

의사　여보세요? (사이) 예, 접니다. 안녕하세요? (사이) 글쎄요, 곤란하겠는데요? 오늘 중요한 회의가 있는 줄은 알고 있습니다만 병원에 중요한 환자가 있어서요.
(사이) 임원들이 찬성해 주신다면 전화로 제 의사를 표명할 수 있습니다. (사이) 하지만 지난번에 말씀드린 대로 제 의견은… (사이) 회장님, 우리가 너무 무리하는 것은 좋지 않다고 생각합니다. 저도 이번만큼은 회장님 의견에 무조건 동의할 수는 없군요. (사이) 좋습니다. 좀더 생각해 보죠. (사이) 그럼, 임원들이 모일 시간에 다시 연락하겠습니다.
(전화를 끊는다. 무언가 생각하다가 관객에게 다가가)
안녕하십니까?
죄송합니다. 전화 때문에 제 소개가 늦어졌습니다. 저는 특수정신병원에서 근무하고 있는 의사입니다. 주로 신경, 정신 계통에 고통

> 📝 **연출 노트**
>
> #1
> 의사 역할을 너무 이기적이거나 독선적인 모습으로 표현하면 안 된다. 의사로서 이성적인 이미지는 있겠지만 평범한 기독교인으로 보여야 한다.

📝 **연출 노트**

을 받고 있는 환자들과 상담을 하면서 치료를 하고 있습니다. 요즘 신경 계통에 이상이 있는 사람이 의외로 많이 있습니다. 과거의 사람들에 비해서 현대인들은 많은 스트레스와 심한 우울증에 시달리고 있으니까요.
저는 이렇게 사회에 적응하지 못하는 환자들을 가끔씩 소개받고 있습니다. 전 그들이 적응하지 못하는 원인을 찾아내서 그 원인을 극복할 수 있도록 도와주는 상담자 역할을 하고 있죠.
이번에도 형사로 근무하는 친구가 환자를 한 명을 소개했는데, 왠지 상당한 호기심을 불러일으키는 환자였습니다. 그는 다섯 번이나 자살을 시도했던 30대 남성이었습니다.

#2
마지막 대사에 맞물려 암전과 함께 극적인 브리지 음악.

암전

2장

#3
동구가 객석에서 나오는 것이 곤란할 경우에는 곧바로 무대 위에서 연기할 수도 있다.

다시 밝아지면 유행가 〈대전블루스〉의 반주가 흘러나온다. 핀 조명이 객석 뒤에서 걸어 들어오는 동구를 비춘다. 다리를 절뚝거리지만 마치 자신이 가수인양 지팡이를 마이크처럼 붙잡고 반주에 맞추어 열창을 한다.

동구   자~알 있거라 나는 간다. 이별의 말도 없이. 떠나가는 새벽 열차.

　　　　　대전발 영시 오십부운 ! ~
　　　　　(술에 취한 듯이) 자, 나는 간다. 더럽고 냄새
　　　　　나는 이 세상을 떠나서 고통 없는 저 세상으
　　　　　로 나는 간다. 누가 나와 같이 갈 것인가?
　　　　　(걸어오다가 관객에게) 이봐, 나랑 같이 저
　　　　　세상으로 갈래? 같이 안 갈래? 후, 웃기는…
　　　　　(무대 위로 올라가는 동구. 반주에 맞추어 다
　　　　　시 노래를 부른다) 자~알 있거라 나는 간다.
　　　　　이별의 말도 없이…
　　　　　(의사를 발견하고 멈춘다) 어?
의사　　(일부러 퉁명스럽게) 언제까지 그 노래만 부
　　　　　르고 있을 거요?
동구　　언제까지? 언제까지나!
　　　　　다른 노래는 아는 것이 없거든요.
　　　　　(의사에게 다가가 지팡이를 디밀며) 의사 선
　　　　　생님도 한 곡조 뽑으시죠?
의사　　나도 노래 한 곡 뽑고 싶지만, 지금은 업무
　　　　　시간이라서. 게다가… 업무 성과는 오늘도
　　　　　제로고.
동구　　(지팡이로 탁자를 치며) 아, 그러니까 결국
　　　　　나 때문에 부르고 싶은 노래가 있어도 못 부
　　　　　르고 계시다?
의사　　당신이 여기 온 지 일주일이 넘었지만, 난 당
　　　　　신에 대해서 서술한 진단서가 단 한 장도 없
　　　　　어요. 그러니 노래할 맛이 나겠소?
동구　　그럼, 그동안 난 뭘 한 거죠?

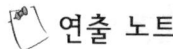 연출 노트

#4
동구가 술에 취한 설정은
아니다. 정신적으로 불안한
모습을 표현한다.

📝 **연출 노트**

의사   '잘 있거라 나는 간다' 만 불렀죠. 어디론가 흘러가고 싶은 사람처럼.

동구   그럼, 선생님은 별 소득이 없었네요.

의사   그 노래 가사 외운 것 말고는.

동구   이런 쯧쯧쯧!
       (다소 진지하게) 그럼 내가 선생님께 도움을 하나 청해도 될까요?

의사   (다소 생기가 돌아) 뭐든지!

동구   (장난 끼 섞인 목소리로) 들어 주실 건가요?

의사   내가 할 수 있는 한 뭐든지.

동구   (의사에게 다가가 얼굴을 디민다)

의사   (대답을 기다리며)

동구   (협박하는 목소리로) 제발 절 그냥 죽게 놔두세요!

의사   (다소 놀라 동구를 바라본다) 예?

동구   (재미있다는 듯이 웃으며) 하하하! 제가 너무 어려운 부탁을 한 건가요?

의사   당신은 그렇게도 죽고 싶어요?

동구   (의사의 말투를 따라하며) 선생님은 그렇게도 살고 싶어요?

의사   보통 사람은 누구나 오래 살고 싶어하는 것이 아닌가요?

동구   사람들이 왜 살고 싶어하죠?

의사   그야 생명이 있고 또 나름대로 세상에서 하고 싶은 일들이 있으니까.

동구   하지만 결국 죽는 것이 인생이 아닌가요?

의사	물론 그렇지만 그렇다고 해서 일부러 죽을 필요는 없잖아요?
동구	(지팡이로 바닥을 치며) 아뇨. 일부러 죽을 필요가 있죠!
의사	(말을 잇지 못하며)
동구	(배우인 양 연설하듯) 사람들은 죽음의 시기를 알지 못합니다. 오직 하나님만 알고 있을 뿐이죠. 그렇기 때문에 사람은 불행한 동물인 것입니다. 자기 자신의 죽는 순간을 알 수 있다면, 아니 결국 자기가 죽을 것이라는 것을 인식하고 살기만 해도 사람들은 지금처럼 어리석고 미련하게 살지는 않을 것입니다. 누구나 다 자기는 결코 죽지 않을 것이라는 착각 속에서 살고 있지요. 하지만 이 순간에도 1초에 몇 명씩 죽어가고 있다는 사실!
의사	그렇다면 동구 씨는 자살로 자신의 죽는 순간을 깨닫고, 그래서 그 죽음의 공포에서 벗어나려 했던 것인가요?
동구	그건 내가 네 번째 자살을 하려고 했을 때의 생각이었죠.

서서히 음악이 흐르면서 암전.

3장

불이 켜지면 동구는 의자에 앉아 있고, 그 뒤로 의사가 보인다.

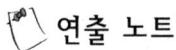 **연출 노트**

#5
변화가 심한 동구의 연기는 배우가 소화할 수 있는 만큼만 표현해야 한다. 너무 무리하면 연기의 일관성이 없어진다.

📝 연출 노트

#6
동구는 어릴 적 상황을 재연한다. 의사가 동구를 말리는 시점에서 동구는 현실로 돌아온다.

동구   내가 처음 자살을 시도한 나이는 아홉 살 때였어요.

의사   기록에 그렇게 적혀 있는 것을 보고 호기심이 생기더군요. 그 나이에 무슨 이유로 자살하려 했을까 하는…

동구   글쎄요, 그 이유는 나도 확실히는 모르겠어요. 내가 왜 손목에 칼을 댔는지… 하지만 단순한 사고나 장난은 아니었어요.

의사   그럼…

동구   호기심이랄까, 아니 실험이었다는 말이 더 정확하겠군요.
(주머니에서 실제로 칼을 꺼내며) 사람은 정말 죽는가, 안 죽는가? 그렇다면 죽는다는 것은 과연 무엇인가?
(칼을 들어 자신의 동맥을 끊으려 할 때 의사가 칼을 든 동구의 팔을 잡는다. 떨어지는 칼. 체념하며) 결국 죽어야 답이 나오는 실험이었는데, 살아났으니 그 실험은 실패였죠. 젠장! 그때 잘 드는 칼을 사용했어야 하는 건데… 어린 데다가 처음이라 서툴렀죠.

의사   참, 대단한 실험가였군요. 그럼, 두 번째 자살도 실험이었나요? 고등학교 2학년 때였는데.

동구   그땐 살고 싶어서 자살을 했어요.

의사   살고 싶어서요?

동구   예, 살아 있는 것이 죽음이었으니까, 죽어야

의사	만 진짜로 살 수 있을 거라고 생각했죠.
	왜 살아 있는 것이 죽음이라고 생각했어요?
동구	누가 날 산 사람으로 인정해 줘야 말이죠. 중·고등학교 때 성적표에 적힌 점수가 바로 내 인격의 점수였어요.
	65점, 60점, 57점, 70점, 평균 63점!
	"동구야, 그러고도 네가 내 자식이니? 차라리 나가서 죽어!"
	저의 부모님은 교회를 다니고 있었지만 내가 고등학교 때는 교회에 나가는 것조차 싫어하셨어요. 공부 외엔 모든 것을 막았죠. 밥 먹는 시간까지 아까워하실 정도였으니까요. 우리 부모는 자기들이 사람을 낳은 것이 아니라 컴퓨터를 낳았다고 착각하시는 것 같았어요. 컴퓨터가 아닌 난 이미 죽은 것이죠. 난 나를 찾기 위해서 죽어야 한다고 믿었어요. 그래서…
	(바닥에 무릎을 꿇고 주머니에서 약병을 꺼낸다. 약병의 알약을 보고 고민하다가) 난 약을 먹었죠.
의사	(동구에게 달려가 약병을 빼앗으며) 그건 자살로 해결되는 문제가 아니에요. 이 사회의 구조적인 모순으로 만들어진 문제가 당신 스스로의 죽음으로 해결되는 것은 아닙니다. 죽음이 잃어버린 나를 찾는 유일한 방법은 아니에요. 자신을 잃어버린 이 세상에서

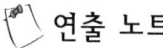 연출 노트

#7
점점 흥분하면서 과거의 상황을 재연한다.
이때 필요한 소품은 무대 또는 배우의 몸에 사전 준비해 둔다.

📝 연출 노트

자신을 찾아야죠. 끝까지 살아서 자신을 미아로 만든 이 사회의 모순과 싸워야 하지 않겠어요?

동구   (농담하듯이) 야! 선생님, 말 잘하시네요. 내가 약을 먹고 한 달 만에 다시 살아난 순간, 나 역시 선생님하고 똑같은 생각을 했었어요. 한번 이 세상의 모순과 싸우며 살겠노라! 그때 난 진정한 나의 삶을 찾겠다고 결심했습니다. 그런데 4년 후에 난 다시 세 번째 자살을 결심했죠.

강한 음악과 함께 암전.

4장

불이 켜지면 전화를 받고 있는 의사만 보인다.

#8
전화를 하는 의사의 대사는 단순한 고집이 아니라 충분히 설득력 있게 보여야 한다.

의사   그럼 임원들은 다 모였습니까? (사이) 오 집사님이요? 그럼 한 분만 더 오시면 여덟 분이 바로 회의를 하시겠군요. (사이) 역시 제 생각은 반대입니다. (사이) 회장님, 모임마다 특성이 있고 하는 일이 따로 있습니다. 우린 교회 내 구제부로서 그동안 노인복지회관에 꾸준히 기부를 해왔습니다. (사이) 물론 돈으로 노인들 모두를 만족시켜 드리지는 못하지만, 우리 모임으로서는 최선의 노력이라고 생각합니다. 하지만 회장님이 이번에 제안하신 한 가정 한 노인 맺어 주기 행사는 의도야 좋지만 교회 성도들에게 큰 부담이 될 수 있습니다. (사이)

물론 잘 되면 좋지만, 나중에 어떤 사건이라도 벌어져서 불미스런 일이 생긴다면 그 책임을 누가 지겠습니까? 우리 아닙니까? 괜히 긁어 부스럼 만들지 맙시다.

우리는 그동안 해왔던 우리 일만 잘하면 되지 않습니까? (사이)

어쨌든 내 생각은 그렇습니다. 회의가 끝나는 대로 다시 연락 주십시오. (사이) 예.

(전화를 끊는다. 내쉬는 한숨. 무대 전체가 밝아지면서 다시 동구에게 다가가) 세번째 자살에 대해서 이야기 할 차례인가요?

동구	세 번째 자살이라…. 마치 무슨 연극 제목 같군요.
의사	인생은 연극이란 말도 있죠.
동구	그래요. 인생은 연극이죠. 결국에는 끝나고야마는. 난 전문대학을 나와서 사회에 뛰어들었습니다. 나름대로 열심히 일했어요. 정말 재미있었죠. 사회 생활의 맛을 느꼈다고나 할까? 그리고 다른 사람들에게 정이란 것도 느낄 수 있었어요. 일에 대한 성취감, 사회를 도울

📝 **연출 노트**

📝 연출 노트

#9
배신감에 대한 분노가 일시에 폭발한다.

#10
점점 흥분하면서 과거 속으로 향한다.

         수 있다는 보람이 나를 기쁘게 했습니다. 또 한 여인을 사랑하게 되었죠. 그때는 정말 즐거운 생활이었습니다.

의사   그런데 이번엔 무슨 이유로…

동구   (지팡이를 내던지며) 젠장! 난 정말 그게 진짠 줄 알았어요! 난 속았던 거예요.
그동안 내가 믿었던 이 사회의 정의라는 것, 사람들 사이에 존재하는 사랑이라는 것, 그것이 한낱 허상이라는 것을 깨달았어요.
(의사의 멱살을 잡으며 박 대리에게 소리치듯) "박 대리! 내가 제일로 믿었던 놈인데, 네 놈이 나에게 사기를 쳐?"
(의사를 밀치며) 그놈 때문에 난 회사에서 쫓겨났고, 나와 사귀던 그 여자는 그놈과 도망가버렸죠.
(절규하듯) 이것이 내가 그동안 애착을 가지고 땀흘렸던 사회였어요! (사이)
그제야 난 마취에서 깨어났고, 다시 이 더러운 인생의 통증을 느끼기 시작했죠. 난 이미 이 사회에서 죽었고, 껍데기만이 남아 죽지 못해서 그 고통을 받는다고 생각했어요. 그래서 난…
(강물을 바라보듯 관객을 바라보다 결심한 듯 신발을 벗는다) 강물에 뛰어들었어요.

의사   (쓰러지는 동구를 붙잡으며) 동구 씨, 당신이 사회로부터 받은 그 배신감을 이해할 수 있

	어요. 그러나 난 이 세상은 훨씬 넓다는 말을 해드리고 싶군요. 동구 씨가 경험한 그 사회가 이 세상의 전부가 아니라는 거예요. 이 사회에는 동구 씨처럼 정직하고 의롭게 살려고 하는 사람이 많이 있어요. 우린 그 사람들과 더불어서 이 사회를 끝까지 지켜나가야 되지 않겠어요?
동구	그러기에는 이 세상이 너무 딱딱해요. 난 이 세상 어느 곳에서도 내가 살아가면서 지켜야 할 그 어떤 아름다움도 찾을 수가 없었어요. 정말, 못 찾겠다 꾀꼬리다 이겁니다! (의사는 말없이 지켜본다. 동구는 떨어진 지팡이를 주워들고 벗었던 신발도 다시 신는다. 의자에 주저앉으며) 젠장! 사람 명이 길다보니까 강물에 뛰어들어 의식을 잃었는데, 다시 눈을 뜨니까 응급실이더군요. 난 내가 살아 있다는 사실이 지긋지긋했습니다. (화풀이를 하듯) 도대체 귀신들은 뭐하고 다니는 건지? 그후 난 산 속으로 들어갔죠. 거기서 난 모든 사심을 버리고 생각을 했어요. (책상 위로 올라가 참선하는 자세를 취한다) 도를 닦는 기분으로 말입니다. 우린 왜 살아서 고통을 받아야 하는가. 사람은 어디서 와서 어디로 가는 존재인가. 삶이 무엇이기에 우린 애착을 가지고 그토록 살아가려고 하는가. (사이)

📝 **연출 노트**

📝 **연출 노트**

#11
자신의 말에 점점 심취되면서 과거 속으로 향한다.

#12
책상을 사용하기가 힘들 경우 의자나 계단을 사용할 수도 있다.

　　　　　결국 우린 살려고 하기 때문에 고통이 있다는 것을 깨달았어요. 내가 살기 위해서 남을 속이고, 내가 더 잘 살기 위해서 다른 사람을 죽인다는 것을. 만족하지 못하는 사람의 욕심이 스스로를 불안하고 강퍅하게 만들어서 죄를 짓게 만드는 것이지요. 그러나 사람이 죽는 것을 두려워하지 않는다면, 굳이 더 잘 살기 위해서 남을 죽이거나 속이지는 않겠지요. 사람들의 이런 삶의 고통에서 해방되는 것은 오직 죽음뿐이었죠.
(자리에서 일어나 책상 위에 선 상태로) 난 죽음을 두려워하지 않고 싶었고 확인할 수 있는 방법은 실제로 죽는 것이었어요.
(주머니에서 동아줄을 꺼내 목에 감는다) 죽음의 시기를 내가 알고 내 맘대로 정할 수 있다는 것은 나의 유일한 기쁨이기도 했지요. 그래서 난 산에서 혼자 목을 맸던 거예요.
(책상 위에서 뛰어내린다)

의사　　(쓰러진 동구에게 다가가 머리에서 동아줄을 풀어 주고 난 후) 동구 씨, 죽음은 결코 행복한 삶이 될 수는 없어요. 자살이란 단절이고, 포기하는 것이요. 살아 있는 것에는 무엇이나 그 존재의 의미가 있는 것입니다. 살아야 하는 존재의 의미가 있기에 하나님은 우리 인간을 창조한 것이죠.

동구　　선생님은 그리스도인인가요?

의사	그래요. 나는 하나님을 믿는 사람이에요.
동구	(미친 듯이 비웃으며) 하하하! 웃기지 말아요. 난 이 세상에 하나님은 존재하지만, 하나님을 믿는 사람은 없다고 생각합니다. 선생님도 마찬가지예요. 우린 마치 하나님을 믿는 것 같은 착각 속에서 살고 있은 것뿐이에요.
의사	동구 씨는 왜 그런 속단을 하시죠?
동구	내가 다섯 번째 자살을 하게 만든 것은 바로 선생님과 같은 그리스도인들이었어요.

강렬한 음악과 함께 암전

5장

어둠 속에서 전화벨 소리가 크게 들린다. 핀조명만이 전화를 받고 있는 의사를 비춘다.

의사	여보세요? (사이)
	예? 4 대 4로 찬반투표가 똑같이 나왔다고요? (사이)
	그건, 제 의견이 포함된 결과입니까? (사이)
	그럼, 결정이 됐네요. 저는 반대니까요. (사이)
	회장님, 그냥 이제까지 우리가 해왔던 대로 합시다. 누가 뭐라고 하는 것도 아니지 않습

> 📝 **연출 노트**
>
> #13
> 의사의 개인주의적 사고방식이 가장 두드러지는 부분이다. 안일한 기독교인들의 모습일 수도 있다.

> 📝 **연출 노트**

니까?(사이)

성도들도 부담되는 것을 싫어합니다. 자기 부모도 모시려고 하지 않는 요즘 세상에 누가 남의 부모를 모시고 싶어하겠습니까?(사이)

잠시 후에 제 의견을 포함해서 재투표를 하신다고 했죠?(사이)

그럼, 무조건 제 의견은 반대입니다. 죄송합니다, 회장님. 끊겠습니다.

전화를 끊는다. 무대 밝아지며 바로 동구의 소리가 들린다.

동구 내가 산에서 목을 매고 죽으려고 했을 때, 나를 구해 준 사람은 마침 그 곳으로 기도하러 왔던 어느 전도사님이었어요. 내가 죽으려고 발버둥을 칠 때, 그 전도사님이 나를 하나님께 인도해 주셨죠.

의사 그럼, 동구 씨도 그리스도인으로서 신앙 생활을 하셨습니까?

동구 새롭게 태어났다고 믿었죠. 이제야 내가 왜 살아야 하는지 깨달았어요. 또 내가 살아서 하나님을 위하여 봉사를 할 수 있고, 하나님을 알지 못하는 사람들에게 하나님을 소개할 수 있다는 것도 굉장한 기쁨이었어요.

의사 좋은 신앙 생활이었던 것 같군요. 그런데 왜 또 다시 죽고 싶다는 생각이 들었던가요?

		📝 **연출 노트**

동구　난 어느 날인가 내가 믿는 하나님을 볼 수가 없었어요. 하늘을 보면 하나님은 분명 살아 계셔서 우리들을 바라보시는 것 같은데, 세상 사람들, 아니 그리스도인들을 보아도 그들에게서 하나님을 발견할 수가 없었어요. 그들이 생각하는 것도 믿지 않는 사람과 똑같아요. 세상 사람들과 똑같이 이 세상에서 자기들만 잘 살아보려고, 하나님은 신경도 쓰지 않고 자기들 멋대로 살고 있었어요. 천국, 천국 하면서도 더 오래 살고 싶어하고, 하늘의 보물을 쌓기보다는 지금 더 많이 가지려고 욕심을 부리고. 그리스도인이라면서 왜 죽음을 두려워하죠?
왜 이 땅에서 더 잘 살아보겠다고 도와주어야 될 사람들을 외면하고, 왜 자기들만 편안하게 살려고 다른 사람들한테 무관심하게 살아가는 것이죠?
나는 과연 저 사람들이 하나님의 살아 계심을 믿는 사람인가 의심하지 않을 수 없었어요.

의사　물론 동구 씨의 뜻을 이해해요. 하지만 우리 믿는 사람들은 이 세상의 삶을 무시하고 살 수는 없는 거예요. 살다보면 바쁜 생활 속에서 잠시나마 하나님을 잊게 될 수도….

동구　그 점이 바로 내가 그리스도인들 중에서 하나님을 찾을 수 없다는 거예요. 사람들의 삶

📝 **연출 노트**

중에서 가장 중요하고 우선적인 분이 하나님이 되어야 하는 것이 아닌가요?
우선적이 아닌 것은 하나님이 될 수도 없고, 그렇게 되면 이미 하나님이 아닌 것이에요. 모두가 다 형식과 껍데기인 십자가를 액세서리처럼 달고 다니는 예수쟁이 같았어요. (조금씩 흥분하며) 난 하나님은 존재할지 모르지만 하나님을 정말로 믿는 사람은 없다고 결론을 내렸어요.
그리고 믿는 사람이 없는 하나님이란 있으나마나 한 존재라고 생각했죠.

의사   동구 씨, 그건 지나친 속단이에요.
동구   (감정이 격해져서) 그래요, 지나친 속단일지 모르죠. 그래서 난 죽기로 결심한 거예요. 도무지 진리를 알 수 없는 이 세상에서는 고통스러워 살 수가 없었어요. 도대체 뭐가 진실이고, 뭐가 거짓이죠? 난 내가 죽는 것만이 이 모든 사실을 알 수 있다고 믿었죠.
의사   아닙니다. 동구 씨의 생각은 잘못이에요. 그건 궤변이에요. 우린 무슨 이유든 자살해서는 안 됩니다.

#14
의사의 사고가 조금씩 반전되는 시점이다. 동구는 정신 분열 증세가 심해지면서 아주 불안해 하지만 그의 내면에 살고 싶어하는 가장 솔직한 마음이 드러난다.

동구   (멈칫하며) 자살? 아뇨, 이번엔 자살이 아니라 난 살해 당한 거예요!
의사   (놀라서) 살해라고요?
동구   (더 감정이 격해진다) 그래요, 난 당신과 같은 그리스도인들에게 살해 당한 것이요!

	(자리에서 일어나 미친 듯이 움직이며) 그래, 난 살해 당했어. 난 처음부터 죽고 싶지 않았지만 누군가 나를 계속해서 죽음의 벼랑으로 몰아가고 있었던 거야.
의사	(진정시키며) 동구 씨!
동구	(죽음의 그림자에게 쫓기듯이 피하며) 아악! 난 살고 싶어. 이 세상에서 정말 인간답게 살고 싶었단 말이야. (도망치듯 피하며) 아악! 난, 살고 싶어!
의사	(강하게 동구를 진정시키며) 동구 씨!
동구	(거의 실신한 상태에서 의사에게 매달려 호소하듯) 선생님! 우린 죽음을 초월해서 살 수는 없는 것인가요? 죽음 너머에 더 살기 좋은 하늘 나라가 있다면, 이 세상에서 이렇게 살지 않아도 되잖아요. 이렇게 외롭지 않게, 이렇게 무섭지 않게, 이렇게 차갑지 않게….
의사	(아무 말 못하고 서 있다)
동구	하나님을 믿는 사람들도 왜 이 세상에서, 왜 이렇게 살아야 하는 거죠? 예? (강하게 절규하듯) 왜요? 왜 이렇게 살아야 하는 거죠? (동구, 의사의 다리 아래에서 매달리다가 지쳐 쓰러진다)
의사	(진심으로) 동구 씨. 그 질문에 답변할 자격이 나에겐 없는 것 같군요. 하지만 분명한 것

📔 **연출 노트**

#15
동구의 마지막 부르짖음이 의사에게 신앙적 사고의 충격으로 다가온다.

연출 노트

#16
차분한 브리지 음악

#17
의사의 마지막 대사는 진심에서 우러나오는 차분한 고백이 되어야 한다.

은 우리들이 이 세상을 살아가는 삶에 있어서 그 가치관이 잘못되었다는 것이오.
지금 난 그걸 깨달았소.

음악이 흐르며 암전

6장

음악이 서서히 줄어들면서 조명이 커지면 동구는 책상에 엎드리고 있으며, 의사는 가만히 그를 바라보고 있다.

의사　저는 동구 씨의 다섯 번째 자살은 자살이 아니라, 우리 그리스도인들이 책임져야 할 타살이라고 생각합니다. 저는 동구 씨의 항변에 변명할 수 있는 아무런 증거를 갖고 있지 못합니다.
하나님을 믿고 있는 나였지만, 나의 생활 속에서는 하나님과 무관하게 살아왔었습니다. 하나님이 약속하신 영생을 위해서 내 인생을 살았던 것이 아니라, 이 땅에서의 내 인생을 위해서 바쁘게 내 삶을 살아왔던 것이 사실이었습니다.
그동안 내 안에서 사시는 예수 그리스도를 나는 무관심으로 또 다시 못박아 죽였는지 모릅니다. 그리고 많은 그리스도인들도 나처럼…

그래서 동구 씨는 우리 그리스도인에게서 예수님을 볼 수 없었던 것입니다. 어쩌면 동구 씨 외에 더 많은 사람들이 우리들의 미지근한 신앙 때문에 지금도 죽어가고 있는지도 모르겠습니다.
(의사, 조용히 동구를 바라보다가 전화기 옆으로 간다. 머뭇거리다가 수화기를 들고 전화를 건다. 잠시 후)
여보세요? 저, 2차 투표가 시작되었습니까? (다소 힘을 얻으며) 그래요? 그럼 회장님을 빨리 바꿔 주시겠습니까? 아주 급한 일인데요. 예, 부탁합니다.
(의사, 밝은 표정으로 전화를 기다리며 동구 쪽을 바라본다. 서서히 암전. 잔잔한 음악이 암전 후에도 계속해서 무대 위를 흐르다가 서서히 줄어든다)

- 막 -

연출 노트

흑두건

등장 인물

흑두건
박성철(교회 목사 아들)
오영진(성철 친구, 독립운동가)
박지연(성철 여동생, 영진의 애인)
이사키(일본 경관)
기무라(일본 순사)
아나카와(일본 순사)

작가 생각

1. 일제시대 흑두건을 쓰고 복음을 전파하는 가상의 인물 흑두건 이야기를 중심으로 해서 일제시대 하나님을 향해 서로 다르게 살아가는 두 젊은이의 신앙을 관객에게 제시하는 시대극이다. 소요시간 25분.
2. 내용상 긴 시간을 요하지만 간결한 구성으로 짧은 시간에 처리하였다. 따라서 강렬한 표현과 함축성 있는 대사로 충분히 극의 분위기를 표현할 수 있게 연출해야 한다.
3. 될 수 있으면 무대와 의상은 시대를 고증하여 표현하는 것이 효과적이지만 너무 고증하는 일에 구속되면 연출이 힘들 것이다.
4. 무대장치보다 의상과 소품을 사용해 시대를 표현하는 것이 용이할 것이다.
5. 극에 적절한 음향으로 강한 액션을 요구하는 장면에서 배우의 연기를 도울 수 있다. 특히 주의해야 할 부분은 마지막 싸움에서의 총소리가 제 시간에 강하게 터져나와야 한다는 것이다.
6. 〈울밑에선 봉선화〉와 같은 곡을 주제가로 사용해서 극의 중간에 삽입할 수 있다.
7. 표현이 서투르면 촌극이나 신파극으로 변질될 수 있다. 배우들의 진지한 연기로 관객을 사로잡아야 한다.
8. 다소 내용이 함축적이므로 연출의 필요에 따라 대사를 더 첨가하여 사용할 수 있지만 군더더기가 되면 곤란하다.

내레이터	때는 1930년. 일제치하의 암울한 한반도. 당시 조선의 기독교인들은 일제의 탄압으로 어둠 속에서 소망의 날만을 기다려야 했다. 이때 일제의 칼날을 피해 하나님의 말씀을 증거하던 검은 두건을 쓴 사나이가 있었다. 마을 사람들은 그를 흑두건이라 불렀다.

1장 - 늦은 밤 동네 어귀

칠흙 같은 어둠, 순간 누군가 어둠 속에서 살며시 나타난다.

흑두건	여러분 희망을 가지십시오. 절대 포기하지 마십시오. 하나님은 우리를 사랑하십니다. 교회를 지키십시오. 서로 도와 이 어려움을 극복합시다. 하나님께서는 우리 나라를 꼭 해방시켜 주실 것입니다. 여러분, 희망을 가지십시오. 나도 해방의 그 날까지 여러분들과 함께 살아 있겠습니다.
효과	총소리
기무라	흑두건이다!
이사키	오늘이노 절대 놓치지 마라. 흑두건이노 꼭 잡아야 한다!

객석 통로로 도망치는 흑두건, 뒤쫓는 이사키와 순사들. 무대 위로 뛰어오르는 흑두건, 순간 달려드는 일본 순사.

연출 노트

#1
첫 장면 흑두건의 등장을 무대가 아닌 객석에서 등장 하면 보다 은밀한 효과를 기대할 수 있다.

#2
배우들의 싸움 장면은 최대한 간결하게 처리한다. 어설픈 동작은 피해야 연극이 촌극처럼 되는 것을 방지할 수 있다.

> 📝 **연출 노트**

흑두건	얏!
	(흑두건이 빠른 동작으로 순사를 쓰러뜨린다. 그러나 싸움을 하다가 왼손을 다친 듯 통증을 느끼는 흑두건)
	언젠가 너희들이 나를 잡을지는 모르지만, 제 아무리 일본이라 할지라도 우리 가운데 있는 그리스도의 생명은 절대 잡지 못할 것이다.
효과	총소리

사라지는 흑두건, 뒤늦게 나타난 이사키와 아나카와 순사.

이사키	이런 병신이노 같은 놈. 날고 뛰는 대 일본의 순사가 쥐새끼 같은 흑두건이노 한 명을 잡지 못하나! 감히 내 허락 없이 예수 사상이노 몰래 전파하는 흑두건, 내 손으로 반드시 잡고노 말겠다.
	흑두건, 빠가야로!

#3
암전 때마다 브리지 음악이 필요하다.

암전

2장 - 교회 앞

교회에서 청소하고 있는 지연, 청소하다 말고 만주쪽 하늘을 바라본다.

지연	하나님, 영진 오빠는 만주에서 잘 있겠죠? 그곳에는 먹을 것도 별로 없다던데… 하나님, 오빠를 꼭 지켜 주세요.
성철	(등장하며) 지연아! 지연아!
지연	왜 그래요? 무슨 좋은 소식이라도 있어요?
성철	어제 또 흑두건이 나타났대.
지연	정말이요?
성철	이번엔 뒷동네에 나타났나 봐. 뒷동네 사람들 온통 흑두건 얘기야.
지연	그래요?
성철	그리고 일본 순사들은 어제도 흑두건을 잡지 못해 잔뜩 화가 난 것 같아.
지연	오빠, 그분이 누군지 모르지만 정말 훌륭한 분인 것 같아요. 희망이 필요한 우리 교인들에게 희망을 심어 주고 있잖아요. 하나님을 믿지 않던 동네 사람들도 흑두건을 응원하고 있어요.
성철	그래. 그러니까 우리는, 우리들 나름대로 여기서 더 열심히 교회를 섬겨야겠지? 난 들어가서 설교 준비를 해야겠어.
지연	그러세요, 오빠.

순간 등장한 영진, 왼손에는 붕대가 감겨져 있다. 지연이 먼저 발견한다.

지연	(반가움에 목이 메어) 아니, 영진 오빠!

연출 노트

#4
가급적 성철과 영진은 키와 몸집이 비슷한 배우를 기용하는 것이 좋다.

📝 연출 노트

성철 (돌아서서) 뭐?
    (영진을 발견하고 반갑게) 영진아!
지연 영진 오빠, 어떻게… 그동안 잘 지내셨어요?
영진 지연이 기도 덕분에.
지연 이렇게 가까이서 다시 오빠를 볼 수 있어서 정말 기뻐요.
영진 나도 지연이가 보고 싶었어.
지연 그런데 이 손은 왜 그래요? 많이 다쳤어요?
영진 아, 아니야. 그냥 좀 다쳤어.
성철 영진아, 너를 이렇게 다시 보니까 정말 반갑다.

성철이가 손을 내민다. 다가가는 영진. 성철 앞에서 멈춘다. 갑자기 주먹으로 성철의 얼굴을 때리는 영진.

지연 (놀라며) 오빠!
영진 그러고도 네가 박진수 목사님의 아들이냐? 돌아가신 네 아버지의 얼굴 앞에서 넌 부끄럽지도 않아?
성철 영진아!
영진 (이번엔 성철의 멱살을 잡으며) 네 아버지는 끝까지 신사참배를 거부하시다가 쪽발이 놈들의 고문 속에서 돌아가셨어. 그런데 네가 교인들을 선동해서 신사참배를 해? 이 나쁜 자식!
성철 영진아. 난 아버지 대신 교회와 교인들을 지

	켜야 했어.
영진	신사참배가 교회를 지키는 거야? 그건 하나님 외에 다른 우상을 섬기는 거야.
성철	나와 교인들은 하나님만을 믿어. 다른 우상을 섬기진 않았어. 단지, 일본이 시키는 대로 고개를 숙였을 뿐이야. 우리 나라는 지금 일본의 식민지야. 지금은 어쩔 수 없어. 내가 그들이 원하는 대로 하지 않으면 그놈들은… 우리 교인들을 모두 죽이려고 했어. 내 아버지를 죽인 것처럼 말야…
영진	비겁한 자식!
	(나가려고 뒤돌아 선다)
지연	영진 오빠!
영진	지연아. 지금 내 가슴이 어떤지 알아? 날카로운 송곳으로 갈기갈기 찢기는 것 같아. 하나밖에 없는 내 친구를 잃어버렸거든. 잘 있어. (빠른 걸음으로 나간다)
성철	영진아! 영진아!
	(가슴을 찢는 슬픔을 느끼며) 아버지!
지연	(성철에게 다가가 위로하며) 오빠!

암전

3장 - 늦은 밤 동네 어귀

칠흑 같은 어둠 사이로 경비를 서는 순사들, 무대 위를 지나간

> 📓 **연출 노트**
>
> #5
> 이 부분부터 잔잔한 배경음악이 시작되고 브리지 음악으로 이어진다.

> 📝 **연출 노트**

다. 뒤이어 나타난 흑두건.

흑두건　하나님은 살아 계십니다. 굴복하지 말고 끝까지 싸우십시오. 하나님은 정의의 편에서 우리 나라를 지켜주실 것입니다. 희망을 버리지 마시고 일본과 끝까지 싸우며 신앙을 지킵시다. 일본의 신사참배를 거부하시고 우리의 신앙을 지킵시다. 하나님은 살아 계십니다.

효과　호각 소리
아나카와　흑두건이다!
기무라　흑두건이노 잡아라!
흑두건　후, 내가 그렇게 쉽게 잡히지는 않을 것이다.

도망치는 흑두건. 그러나 근처에 숨어있던 이사키 총을 겨누며 나타난다.

> #6
> 흑두건과 순사들의 행동선은 공연 장소 사정에 맞게 최대한 활용한다.

이사키　흑두건! 너희 조선이노 속담에 이런 것이노 있다. 꼬리노 길면 잡힌다. 하하하! 저 놈의 두건이노 벗겨 봐라!
기무라　하이!
　　　　(기무라, 두건을 벗긴다. 영진의 얼굴이 드러난다)
영진　비록 나는 잡았어도 마을 주민들의 가슴에 살아 있은 흑두건은 잡지 못할 것이다. 너희 일본도 하나님 앞에 회개하고 침략 행위를

	중지하라.
이사키	(때리며) 빠가야로! 우리 일본제국이노 하나님이고 나발이고 필요 없다. 일본에겐 위대한 천황이노 있을 뿐이다. 기무라, 아나카와! 이놈이노 데리고 가라!
순사들	하이!

암전

4장 - 일본 경찰서

암흑 속에서 터져 나오는 고통스런 영진의 비명 소리. 불이 들어오면 영진은 물동이 옆에 물에 젖어 쓰러져 있다. 쇠파이프를 들고 서 있는 기무라, 지친 모습이다.

기무라	끝까지 대답이노 없스므니다.
이사키	지독한 조센징. 흑두건, 내가 다시노 묻겠다. 너의 정체노 무엇이냐? 어떤 비밀이노 단체냐? 아니면 독립군이냐?
영진	…
이사키	(영진을 물에 넣으며) 대답이노 해라!
영진	(고문으로 숨이 가쁘기는 하지만 대답이 없다.)
이사키	(다시 영진을 물에 넣으며) 대답이노 하라!
영진	…
아나카와	(등장하며) 하이, 교회에서 박성철 상이노 왔

📝 **연출 노트**

#7
물고문 장면은 물을 배우의 이마까지 적실 수 있는 정도 양동이에 담아서 사용한다.

📝 연출 노트

	스므니다.
이사키	지독한 조센징.
	(영진을 밀치며 일어난다. 곧 성철과 지연이가 들어온다)
성철	안녕하십니까, 이사키 상.
이사키	박성철 상, 어떤 일로 왔스므니까?
지연	(쓰러진 영진을 발견하고) 영진 오빠!
	(기무라가 지연을 막는다. 이사키가 성철의 눈치를 보다가 기무라에게 눈짓을 한다. 비켜 주는 기무라)
지연	(영진에게 다가가) 영진 오빠!
이사키	박성철 상, 저 흑두건이노 잘 아는 사람이므니까?
성철	이사키 상, 저 친구는 절대 흑두건이 아닙니다. 무슨 오해가 있는 것입니다.
이사키	우리는 현장에서 이 흑두건이노 잡았스므니다. 성철 상이 어찌 흑두건이 아니라고 장담이노 하므니까?
성철	저 사람은 제 친구입니다. 그리고 삼 일 전에는 만주에 있었습니다. 만주에 있던 사람이 어떻게 이 동네에 자주 나타날 수 있겠습니까?
이사키	(조금은 의아한 듯) 정말 삼 일이노 전에 만주에 있었스므니까?
영진	시끄러워! 박성철 네가 뭘 안다고 그래. 너 같은 일본놈 앞잡이의 동정은 사고 싶지 않

	으니까 당장 꺼져 버려!
기무라	(영진을 내리친다) 조용이노 해라.
지연	영진 오빠!
	이사키 상, 이 사람은 우리 오빠 말대로 절대 흑두건이 아닙니다. 제발 한 번만 용서해 주세요.
성철	이사키 상, 부탁입니다. 영진이는 저의 둘도 없는 친구입니다. 제 얼굴을 봐서라도…
이사키	박성철 상의 부탁이노 거절하지는 않겠소. 하지만 확실한 증거노 없이는 풀어 줄 수 없스므니다. 더 조사한 후 결정이노 하겠소. 젠장! 진짜 흑두건이노 있다면 내 기필코!

> **연출 노트**
>
> #8
> 폭력 장면은 다치지 않도록 배우들간의 약속과 연습이 중요하다.

암전

5장 - 일본 경찰서

불이 켜지면 지연이가 영진을 간호하고 있다. 다른 쪽에서는 기무라가 금목걸이를 만지작거리며 좋아한다.

기무라	약속한 시간이노 얼마 남지 않았스므니다.
지연	알았어요. 그래도 다행이에요. 요새 밤마다 진짜 흑두건이 나타나 영진 오빠가 흑두건이 아니라는 것을 일본 순사들이 알았을 테니까요.
영진	…

📝 **연출 노트**

지연	그런데 왜 그런 위험한 일을 했어요?
영진	일본놈들과 타협하며 사는 사람이 있는 이 동네에, 일본놈들과 싸우는 흑두건이 있다고 하길래 나도 돕고 싶었어.
지연	성철 오빠를 너무 욕하지 마세요. 오빠도 많이 고민하고 결정한 일이었어요.
영진	성철이 얘기는 그만 하자.
지연	예! (지연, 말 없이 영진을 치료한다)
영진	(간호하는 지연의 손을 잡고) 너한테는 정말 미안해.
지연	아니에요. 지금 전 이렇게 오빠하고 같이 있는 것만으로도 행복해요.
영진	(사이) 지연이는 우리 나라가 해방되면 뭐가 제일 하고 싶니?
지연	오빠들하고 전에 우리가 어릴 적에 놀러 갔었던 그 산에 가고 싶어요. 오빠는 뭐가 제일 하고 싶어요?
영진	꼭 한 가지가 있어.
지연	그게 뭔데요?
영진	널 꽃가마에 태워서 데려 오는 것…
지연	오빠!

지연, 영진의 어깨에 기댄다. 지연을 가볍게 안아 주는 영진. 이 때 흑두건이 나타나 보초를 서고 있는 기무라를 쓰러뜨린다.

흑두건	얏!

#9
배우들의 의상은 일제 시대 영화나 드라마를 참고하고, 흑두건의 의상 제작은 값싼 검은 천으로 한복집에 의뢰한다. 또는 위 아래 검은 옷에 검은 두건을 사용할 수도 있다.

지연	영진 오빠, 흑두건이에요.	📝 연출 노트
흑두건	시간이 없소. 빨리 이곳을 도망치시오.	
영진	흑두건, 당신이 누군지는 모르지만 고맙소. 당신의 용감한 믿음은 우리 마을 사람들에게 큰 용기와 희망이 되고 있소.	
흑두건	그건 나 때문이 아니오. 이 땅에 복음의 씨앗을 심으신 하나님께서 우리를 지켜 주시기 때문이요. 그리고 위험하니 다시는 흑두건을 쓰지 마시오.	
영진	다시 만주로 가서 독립 운동을 하기 전에 당신의 일을 조금이라도 돕고 싶었소. 그래서 교란 작전을 써 보려고 했는데, 내가 좀 서툴렀소.	
지연	오빠, 어서 나가요.	
영진	(악수를 청하며) 그럼 우리는 나가겠소. 나는 곧 만주로 가야 하오. 부디 당신의 하는 일이 성공하기를 기원하오.	
흑두건	(머뭇거리다) 난 당신을 언제나 친구로 생각할 것이요. 만주에서 훌륭한 독립군이 되어 주시오.	

영진, 친구란 말에 다소 의아해 하지만 지연이와 함께 밖으로 나가려고 한다. 이때 이사키와 아나카와가 총을 들고 등장한다.

이사키	손들엇! 조선 사람이노 예의가 있다더니 주인 허락이노 없이 여기를 나가려고 했스므

> 연출 노트

	니까?
	흑두건! 이제야 진짜 흑두건이노 만나 아주 반갑스므니다. 하하하!
흑두건	이사키! 나를 잡았으니 저 두 사람은 풀어 줘라.
이사키	그럴 순 없다! 흑두건이노 이 사람들과 아주 가까운 사이라는 것을 알았기 때문이다.
영진	뭐라고?
이사키	오영진 상이 이곳에 잡힌 후 흑두건이노 전과는 달리 매일 밤이노 나타났다. 그것이노 내가 진짜 흑두건이니 오영진 상이노 풀어주란 뜻 아니겠는가? 흑두건, 오영진 상과는 무슨 관계인가?
영진	흑두건, 나를 아시오?
흑두건	(한동안 침묵하다가 천천히 두건을 벗는다. 드러나는 성철의 얼굴)
지연	오빠!
영진	(놀라며) 성철이 네가!
이사키	하하하! 역시 흑두건이다. 박성철 상이노 흑두건인 줄은 나도 정말이노 몰랐다.
성철	너희 일본은 분명히 망할 것이다. 너희 일본은 늙은 천황을 믿지만, 우리 조선은 언제나 살아 계시는 하나님을 믿기 때문이다.
이사키	시끄럽다. 아나카와, 저 흑두건이노 묶어라!
아나카와	하이!

아나카와, 칼을 들고 성철에게 다가간다. 순간 영진이가 이사키에게 달려든다.

영진		성철아, 피해!

성철, 아나카와의 칼을 발로 차 떨어뜨린다. 주먹을 휘두르며 달려드는 아나카와를 피하는 성철. 한편 이사키와 영진은 서로 엉겨 붙어서 총을 빼앗으려 한다. 아나카와를 쓰러뜨리는 성철. 그 순간 총성 한 발이 무대에 터지듯 울린다. 총을 사이에 두고 굳어버린 영진과 이사키.

성철		(반사적으로) 영진아!
지연		오빠!

한동안 적막이 흐른다. 무대로 떨어지는 총. 이사키가 먼저 영진 앞에서 무릎을 꿇는다. 뒤로 쓰러지는 이사키. 서서히 뒤돌아서는 영진. 그러나 영진의 가슴에 칼이 꽂혀 있다. 쓰러지는 영진.

지연		영진 오빠!
성철		영진아!
		(영진의 몸에서 칼을 뽑는다)
영진		(고통스럽게) 아!
성철		영진아, 힘내!
지연		그래요, 오빠 힘내세요. 오빠, 죽으면 안 돼요.
영진		그래, 지연아! 오빠는 해방되기 전에는 죽지

> 연출 노트

#10
이곳의 싸움 장면은 가장 극적이면서 복잡한 곳이므로 배우들간에 구체적인 움직임의 약속이 필요하다. 가급적 간결하게 처리하고 마지막 총소리와 정확하게 맞아야 한다.

📝 **연출 노트**

#11
마지막 극적인 장면을 위해서 이곳에서 영진의 움직임은 다시 살 수 있을 것 같은 희망이 보여야 한다.

                        않을 거야. 그래야 우리 지연이 꽃가마를 태워 주지.
지연   오빠!
영진   박성철. (가볍게 때리며) 나쁜 자식! 임마, 내가 너를 욕하고 때렸을 때, 왜 가만히 있었어. 지금 내가 얼마나 미안한지 알아?
성철   네가 나를 왜 때렸는지를 생각하면 하나도 아프지 않았거든. 영진아, 난 언제나 네가 자랑스럽단다.
영진   너야말로 정말 훌륭하신 박진수 목사님의 아들이야. 그리고 하나밖에 없는 내 친구고…
지연   빨리 밖으로 나가서 치료를 해야겠어요.
성철   그래, 일어날 수 있겠니?
영진   일어나야지.
        (겨우 두 사람의 부축으로 일어선다) 해방이 될 때까지… 아니 주님이 이 땅에 다시 올 때까지… 끝까지 싸워야지… 안 그래, 흑두건?
성철   (감격에 겨워 영진을 안는다) 그래, 조국의 해방을 위해 우리 끝까지 싸우자! 그리고 예수 그리스도의 복음전파를 위해서 우리의 젊음을…

순간 영진의 팔이 성철의 몸을 타고 힘없이 아래로 떨어진다. 놀라는 성철, 설마하는 생각에 영진을 부른다.

성철	영진아! 영진아!
지연	영진 오빠!
성철	영진아!

성철의 몸을 타고 쓰러지는 영진, 아무런 힘도 없이 주저앉는다.

성철	영진아!
	(찢어질 듯 절규하는 목소리로) 오영진!

- 막 -

연출 노트

#12
마지막 절규에 이어서 강렬한 음악이 이어진다. 서서히 암전.

세리 마태의 선택

등장 인물

마태(세리)
율리오(마태의 친구)
예수
야고보와 제자들
루시드(행인)
루시드 부인(행인)
행인 1, 2

💡 작가 생각

1. 예수님의 열두 제자 중 하나인 세리 마태가 예수님의 부름을 받고, 돈과 사명 사이에서 갈등하는 내용이다. 소요시간 25분.
2. 같은 상황에서 예수님을 선택한 마태와 결국 예수님을 선택하지 못하는 율리오. 대비되는 이 두 인물의 입장과 선택을 최대한 객관적인 시각으로 표현하는 것이 중요하다.
3. 마태의 깊이 있는 내면 연기와 율리오의 활달한 연기가 요구되므로 적절한 배우 선택이 필요하다.
4. 무대와 의상은 당시의 시대를 고증하면 이 극에 가장 적절하겠지만, 최대한 생략해서 할 수 있으며 과감하게 현대 무대와 의상을 사용할 수도 있다.
5. 의상을 현대로 할 경우, 대사를 그대로 사용하는 방법과 대사를 현대 감각에 맞게 고쳐서 사용하는 방법이 있다. 하지만 대사를 고칠 경우 자칫 연극이 가벼워질 수도 있으니 주의해야 한다.
6. 한 장소에서 계속해서 벌어지는 상황이므로 극이 지루하지 않게 극의 전개를 다소 빠르게 진행하는 것이 좋다. 배우들도 최대한 무대 전체를 활용해서 큰 움직임이 있어야 하겠다.
7. 단역 배우들이 적극적으로 도와줄 수 있도록 연습시간의 인간 관계가 중요하다.
8. 참고적으로 당시 화폐 단위를 설명하면, 당시 하루 품삯이 1데나리

온이다. 그리고 1데나리온의 1/16은 1앗사리온, 1앗사리온의 1/4은 1고드란트, 또한 1고드란트의 1/2은 1렙돈이다.

이 극에서는 저자 임의로 고드란트라는 화폐단위를 사용했지만 연출자가 필요에 따라 다르게 사용할 수도 있다.

📝 연출 노트

#1
오프닝 음악.
'통행세 징수소'라고 적힌 책상 하나와 가버나움으로 향하는 표시판 하나 정도면 무대 표현이 가능하다.

가버나움 도시 안으로 들어가는 통행길. 중앙에 세금 징수소가 있다.
세리 율리오는 행인과 통행료 때문에 실랑이를 한창 벌이고 있고, 마태는 그 옆에 앉아 멍하니 넋을 놓고 있다.

율리오   어쨌든 더 이상 두 말하지 않겠소. 짐까지 합쳐서 통행료 8고드란트요!

행인 1   무슨 짐값을 4고드란트씩이나 내요? 우리 같은 서민들이 돈이 없다는 것 당신도 잘 알지 않소?

율리오   이봐요. 나는 나라에 고용된 세리일 뿐이오. 내가 알고 있는 건 그저 법대로 하는 것뿐이니까 욕하려면 나라를 욕하라구.
(단호하게) 통행세 8고드란트요!

행인 1   (분함을 이기지 못해) 으, 이 도둑놈들.

율리오   (태연하게) 8고드란트.

행인 1   (마지못해서 돈을 꺼내어 책상을 내리치듯 내어 주며) 오, 하나님! 이 땅을 구원하소서.
(시내 쪽으로 걸어가 퇴장한다)

율리오   저렇게 무식하기는. 아직도 하나님이 이 땅을 구원할 거라고 생각하나? 이 사람아, 이 땅을 구원할 수 있는 것은 하나님이 아니라 돈이야, 돈!
저렇게 세상을 모르니 고생은 고생대로 하고 돈은 돈대로 뜯기나 하지. 안 그런가, 마태?

마태	열린 입이라고 함부로 말하지 말게나. 하나님을 욕해서 자네에게 이로울 건 없어.	📝 **연출 노트**
율리오	(변명하듯) 내 얘기는 하나님이 나쁘시다는 것이 아니라 최소한 지금 이 세상에서는 돈이 최고다, 뭐 그렇다는 거지. 돈이 없으면 사람 취급도 받지 못하는 세상이라고.	
마태	그건 나도 잘 알아.	
율리오	그런데 자네 오늘 좀 이상한 것 같아. 어디 아픈가? 오늘은 통 말이 없으니.	#2 마태는 극의 처음부터 예수에 대한 생각으로 심각한 상태다.
마태	…	
율리오	(사람을 발견하고) 이보게, 마태. 저기 또 돈줄이 이리 굴러 오고 있네. 아마 이 세상에서 가만히 앉아 돈 버는 곳은 바로 여기뿐일 걸세. 아, 루시드 부부구만. (능청을 떨며) 아! 어서 오시오, 루시드. 오랫만이군. 그리고 아름다운 루시드 부인. 그동안 안녕하셨습니까?	
루시드	(부인에게) 율리오, 저 녀석의 능청은 아직도 여전하군.	
부인	능청으로 먹고사는 놈들인데요, 뭐. 어서 돈이나 주고 가요.	
율리오	어허, 이거 우리가 세리라고 무시하는 거요? 제가 이렇게까지 정중하게 인사하는데 아무런 반응이 없으니 말이오. 루시드 부인?	
부인	예의가 바른 당신이 이해해 주시죠. 당신을 보면 우리들의 거룩한 영혼이 더럽혀질 것	

📝 연출 노트

	같아 인사를 제대로 받을 수가 없군요.
율리오	아하, 굉장히 위생관념이 철저하시군요, 부인. 뭐, 그거야 내가 신경 쓸 건 아니고요, 난 다만 나라의 일을 충실히 하고자 하는 것이오. 루시드, 통행료는 물론 준비하셨겠지?
루시드	그 놈의 통행료, 통행료! 당신 가문의 가훈으로 하면 딱 좋겠군. 여기 있소. 6고드란트! 여보, 갑시다.
부인	예.
율리오	잠깐!
루시드	또 무슨 일이오?
율리오	이거 우리 거룩하신 나리들, 세상 물정 몰라도 너무 모르시는구만.
루시드	세상 물정이라니?
율리오	3일 전까지만 해도 한 가족은 무조건 6고드란트였지만, 지금은 1인당 4고드란트로 바뀌었소.
루시드	그럼, 8고드란트를 내란 말이오?
율리오	에헤! 나도 인격이 있는 사람이오. 어떻게 당신 가족에게 8고드란트를 받을 수가 있겠소.
부인	(다소 안심하며) 그럼 얼마를…
율리오	12고드란트!
루시드	12고드란트라니? 보시오! 우린 두 사람이오.
율리오	(호통을 치며) 떽! 이 못된 사람. 앞으로 애 아버지가 될 사람. 당신 부인 뱃속에 있는 아기가 들으면 얼마나 섭섭해 하겠소? 아직

	뱃속에 있는 아기라 해도 분명히 하나의 인격체요. 그러니까 세 사람, 12고드란트!	**연출 노트**
루시드	(이를 갈며) 이 도둑놈.	
부인	어떻게 태어나지도 않은 아기의 통행세를 받을 수 있어요. 이건 말도 안돼요.	
율리오	말이 되든 안되든 따지는 것은 나라 법을 만드는 사람들에게 따지고, 일단 여기를 지나가려면 통행세 12고드란트를 내시오.	
루시드	(부인과 함께 차가운 눈초리로 율리오를 쳐다본다)	
율리오	당신들 부부가 한꺼번에 그런 뱁새눈으로 나를 쳐다봐도 소용이 없소. 이게 내 잘못은 아니라구. 안 그런가, 마태? 자네가 이 사람들에게 말 좀 해주게.	
루시드	그래, 마태. 자네가 말 좀 해보게. 나라 법이라지만 이럴 수가 있나?	#3
마태	(서서히 일어나) 루시드. 율리오 말대로 우린 나라 법대로 할 수밖에 없소.	마태와 율리오는 서로 다른 성격으로 표현한다. 말수가 적고 깊이가 있는 마태와 말수가 많고 단순한 성격의 율리오.
율리오	하하하! 그것 보라구.	
루시드	으! 이 놈의 세상. 말세야, 말세!	
마태	하지만 당신들은 이 바뀐 법을 잘 몰랐고, 아직은 이 법이 모든 유다에 파급된 것은 아니니까 특별히 이번에는 8고드란트만 내시오.	
율리오	마태!	
마태	율리오, 오늘만일세.	
루시드	(분한 마음을 진정하며) 아, 알았소.	

📝 **연출 노트**

	(부인을 바라보며) 여보.
부인	예, 알았어요.
	(돈을 꺼내 주며 퉁명스럽게) 여기 있어요!
율리오	당신들, 마태 덕분에 돈 벌었는지나 아시오.
부인	어서 가요. 여보.
루시드	(침을 뱉으며) 에이, 퉤!
	(두 사람, 시내 쪽으로 퇴장한다)
율리오	하하! 우릴 욕하더니 꼴 좋구만. 뭐, 거룩한 영혼? 거룩한 영혼이 밥 먹여 주냐? 하하하!
마태	(심각하게) 이건 비극이야.
율리오	뭐라고?
마태	다른 나라의 식민지가 된 것도 서러운데 한 민족끼리 돈 때문에 서로를 욕하고 증오하고 있네.
율리오	자네 오늘은 꽤 감상적이군. 우리가 하고 있는 이 세금 징수일이 갑자기 역겨워지기라도 했나?
마태	역겨움은 이 일을 시작할 때부터 느꼈던 걸세. 그런데 오늘은 왠지 모든 것에 회의가 드네. 모든 것이…
율리오	자네 오늘도 그 선지자인지 뭔지 하는 예수라는 작자의 연설을 듣고 와서 괜히 그런 거 아닌가?
마태	그럴지도 모르지.
율리오	그럴 거 뭐 하러 갔나?
마태	안 갈 수가 없었네. 그분의 말씀을 한번도 들

	은 적이 없다면 몰라도. 그분의 말씀은 무언가 사람의 마음을 끌어당기는 힘이 있어.
율리오	그래! 자네 그 쑥 들어간 눈을 보면 말 안 해도 알 것 같네. 그런데 자네 이 사실을 아나? 그렇게 말 잘하는 사람을 우리 옛 어른들은 사기꾼이라고 말씀하셨다는 걸.
마태	그렇지 않네, 율리오. 내 친구 야고보가 그분의 제자로 들어갔는데, 그분이 바로 우리 민족이 기다리고 기다리던 그 메시야라는 걸세.
율리오	이것 봐, 마태. 메시야가 어떻게 나사렛에서 날 수 있겠나? 그 사람은 나사렛 사람일세. 사람들이 그 작자를 따르는 것은 어차피 먹을 것도 없고, 달리 할 일도 없는 세상이니 괜히 천국, 천국이라는 말에 솔깃해서 따라다니는 것뿐이네. 우린 그럴 필요가 없다고. 우린 뭐든지 할 수 있는 돈이 있어. 안 그런가?
마태	오늘 그분이 어느 중풍병자를 고치셨네.
율리오	또 마술을 부렸구먼.
마태	그런데 내가 놀란 것은…
율리오	그래, 그게 뭔가?
마태	난 그분이 중풍병자를 고치실 때, 그냥 "일어나 걸어가라. 네 병이 나았느니라" 이렇게 말하실 줄 알았네.
율리오	그런데?

📝 **연출 노트**

#4
두 배우의 움직임은 고민하는 마태가 정적으로, 그리고 활달한 성격의 율리오는 동적으로 표현되어야 한다.

📝 **연출 노트**

#5
이 극 전체에서 '죄사함'이란 단어가 강조되도록 율리오가 마태의 대사를 반복한다.

마태	"안심하라. 네 죄사함을 받았느니라" 하고 말씀하셨지. 그러더니 그 중풍병자가 일어났네.
율리오	죄사함?
마태	그리고 그분은 "인자가 세상에서 죄를 사하는 권세가 있는 줄을 너희로 알게 하겠다" 이렇게 말씀하셨다네.
율리오	아니, 자기가 뭔데 다른 사람들의 죄를 사해 준대?
마태	어쨌든 놀랍지 않은가? 그분에게 죄사함의 권세가 있다는 것이 말일세. 난 그 말을 듣고 난 후, 계속해서 가슴이 두근거려서 참을 수 없었네.
율리오	무슨 소리야. 자네가 무슨 죄가 그리 많다고. 그럼 나 같이 가슴이 시커먼 놈은 "펑!" 하고 터지게?
마태	율리오. 난 오랫동안 식민지가 되어 허덕이는 이 민족을 바라보며 하나님께서 나와 우리 민족을 버렸을 거라고 생각했네. 우리 민족은 늘 하나님을 실망시켰으니까. 그래서 어차피 이렇게 된 이 세상, 나라도 돈이나 벌어 로마에 가서 사람답게 살려고 했지. 로마 시민이 될 수 있다면 더 좋고. 그래서 세리 일을 선택했던 거네. 어쨌든 돈을 많이 벌 수 있으니까.

율리오	그건 나도 마찬가지야.
마태	하지만 내 마음은 늘 괴롭고 두려웠었네. 난 그 이유가 나를 욕하는 이웃 사람들의 비난 때문이라고만 생각했었지. 그런데 그게 아니었어. 난 나의 죄 때문에 괴롭고 두려웠던 거네. 하나님과 민족을 버린 내 죄 때문에. 그런데….
율리오	그런데.
마태	예수라는 그 사람이 자기에게는 죄 사함의 권세가 있다고 하니 내 가슴이 어떻게 두근거리지 않겠나?
	난 곧장 그에게 달려가 무릎을 꿇고 "내 죄를 용서해 주십시오"라고 말하고 싶었지. 하지만….
율리오	…
마태	난 용기가 없었네.
율리오	잘했네. 어차피 예수란 자도 스스로 거룩하다고 생각하는 그런 작자일텐데, 자네가 용서를 구한다고 세리인 자네를 반갑게 맞아 주기나 하겠나?
	해주고 싶어도 주변 사람들의 눈총이 따가워서 거절했을 거라구. 안 그래? 그 사람이 뭐가 아쉬워서 세상 사람들이 다 싫어하는 세리에게 잘 해주겠어?
마태	…
율리오	그리고 또 그 사람에게 진짜 죄사함의 권세

> 📝 연출 노트

📝 **연출 노트**

#6
'로마 시민권'은 반전의 단어로서 마태의 심적 변화의 동기가 된다. '로마 시민권 추천 의뢰서'는 후에 다시 반전의 도구로 사용되므로 꼭 제작해서 사용해야 한다.

가 있다는 보장도 없지 않나? 군중들에게 인기를 모으려는 괜한 소리라구. 안 그렇겠어? 이보게, 마태. 이럴 때일수록 마음을 독하게 먹어야 되네. 자칫하면 그동안 우리들이 고생한 게 다 헛것이 된다구. 힘들어도 6개월만 참게나.

마태　6개월?
율리오　자네에게 보여줄 게 있네.
마태　보여줄 거라니?
율리오　(서류 두루마리를 보이며) 이게 뭔 줄 아나?
마태　(두루마리를 받아서 내용을 읽는다. 그러다가 놀라며) 이, 이건…
율리오　그래. 자네와 나의 로마 시민권 추천의뢰서네. 오늘 헤롯왕의 재무장관이 나에게 준 거지. 이건 그동안 우리가 나라를 위해 노력한 대가라고. 앞으로 6개월만 여기서 세금을 잘 걷어 나라에 바치기만 하면, 그때 우린 로마 시민이 되는 걸세. 자네 소원이 이루어지는 거지.
마태　저, 정말 내가 로마 시민이 될 수 있는 건가?
율리오　그렇다니까. 이건 재무장관의 직인이 찍힌 약속이네. 우리가 로마시민이 되기만 하면 자네와 난 이런 데서 더 이상 욕먹고 살 필요가 없네. 우린 로마로 가서 커다란 장사를 벌이는 거지. 동업을 하는 거네.
　자네의 그 명석한 두뇌로 우리가 무슨 사업

을 해야 무진장 돈을 벌 수 있는지 계산을 하고, 나의 이 백만 달란트짜리 주둥이로 사람들의 귀를 살살 간질러 우리 쪽으로 꼬셔내기만 하면 우린 금방 떼부자가 될 수도 있지. 그건 시간 문제네. 어차피 우리를 창녀처럼 취급하는 이 세상, 무슨 미련을 갖겠나.
우리 인생은 우리가 만들어 가는 거라구.

율리오가 열심히 마태를 설득하는 동안 행인2가 커다란 짐을 가지고 등장한다.
행인 2, 마태와 율리오의 눈치를 살피다가 슬쩍 마태의 책상 앞에 2데나리온을 놓고 지나가려 한다.

마태	(단호하게) 잠깐! 당신 짐값으로 통행세 4고드란트를 더 내시오.
율리오	(순간 놀란 듯 말을 멈추고 마태를 멍하니 바라보다가 미소를 짓는다)
마태	(차갑게) 안 내면 지나갈 수 없소!
행인 2	(마지못해 돈을 더 내며) 퉤! 이 돼지 같은 세리 놈들아.
	(화를 내며 시내 쪽으로 퇴장한다)
율리오	하하하! 마태, 역시 자네는 계산이 빨라. 잘 생각했어.
	6개월 후면 우린 멋진 동업자가 될 거라구.
마태	글쎄 자네 같은 돌머리하고 동업하려면 지금부터 공부라도 더 해두어야겠군.

📝 연출 노트

📝 **연출 노트**

율리오	뭐라고 이 사람아?
마태	하하하! 농담일세, 이 사람아. (율리오의 손을 잡고) 율리오! 우리 한번 멋지게 살아보세.
율리오	좋았어!
마태	자, 이제 시간도 다 되었으니 슬슬 철수하세.
율리오	이것 봐, 마태. 자네가 나보다 똑똑한지는 모르겠지만 이 돈 냄새 맡는 내 코의 성능은 자네가 아무리 죽었다가 깨어나도 나를 못 따라 올 걸세. 저기 돈 덩어리가 "나를 가져가십시오" 하고 제 발로 이리 걸어 들어오고 있는데 철수는 무슨 철순가.
마태	몇이나 오는데?
율리오	다섯이군. 그렇다면 다섯 곱하기 한 사람에 4고드란트면…
마태	(놀라면서) 아니, 저 사람들은!
율리오	이것 봐, 그렇게까지 놀랄 정도로 사람들이 많은 건 아니야, 마태.
마태	그분이야.
율리오	그분이라니?
마태	예수님!
율리오	예수? 자네가 말하던 그 선지자인지 뭔지 하는 사람?
마태	그렇다네. 야고보와 다른 제자들하고 이리로 같이 오고 있네.
율리오	이 시간에 웬 일이지?

마태   율리오, 내 가슴이 다시 두근거리기 시작하네. 이상하군. 갑자기 내가 왜 이렇게 떨리는지 모르겠어.
(두려움에 제대로 몸을 가누지 못하고 자기 의자에 앉는다)

율리오   이보게, 침착하게. 별일 아니야. 저 자가 우리에게 뭐라고 하기라도 하겠나? 까짓거 우리에게 뭐라고 그러면, 통행세 두 배로 받아버리지 뭐. 자넨 가만히 앉아 있게나. 내가 다 알아서 할 테니.

시내 쪽에서 예수가 네 명의 제자를 데리고 등장한다.

율리오   아하, 안녕하시오. 예수 선생.
내 당신의 명성은 소문을 통해 잘 알고 있습니다. 우리 민족 백성들에게 좋은 가르침을 전하고 계시다고요. 하하! 하지만 여기는 천하의 헤롯왕도 로마의 가이사도 통행세를 내지 않으면 지나갈 수 없는 아주 신성한 곳입니다.

야고보   우린 여기를 지나가지 않을 겁니다.

율리오   예? 그럼…

예수   마태 형제.

마태   예? 형제라니요? 저, 저를 보고 하신 말씀입니까?

야고보   마태. 선생님은 자네를 만나시려고 지금 이

📝 **연출 노트**

#7
예수의 모습을 무리하게 사실적으로 표현할 필요가 없다. 때로는 긴머리의 여성이 예수의 역을 연기할 수도 있고, 배우의 얼굴이 보이지 않도록 두건을 쓰고 나타날 수도 있다.

📝 연출 노트

곳에 오셨네.
마태 날? 무슨 일로…
예수 마태 형제, 거기서 일어나 나를 따라오시오.
마태 (의외의 말에 놀라 말을 못한다)
율리오 허허, 참. 소문대로 별나기는 정말 별난 선지자로구만. 아니 당신네 같은 사람들이 우리 세리를 왜 데리고 가려 합니까? 당신들도 무슨 세금 걷을 일이 있소?
마태 예수님. 나는 세리입니다. 이 동네 사람들은 나를 창녀처럼 취급하죠.
예수 형제여, 나의 제자가 되어 주시오.
마태 예? (잠시 말문이 막힌다) 제, 제자요? 어떻게 제가…
야고보 마태! 선생님은 자네가 훌륭한 제자가 되리라고 우리에게도 말씀하셨네. 그러니 이곳을 떠나 우리와 함께 가세.
마태 내가 어떻게…
율리오 가면 안 돼, 마태! 그냥 거절해. 자네가 저 사람들을 따라가서 무슨 일을 하겠나. 우린 그저 세리일 뿐이야. 여기서 돈을 벌면 그만이라구.
마태 …
율리오 잘 생각해 보게. 우린 6개월 동안 이 일을 하면 로마시민이 될 수도 있네. 지금 자네가 저 사람의 제자가 되면 그동안의 자네 꿈은 한 순간에 깨져 버린다구.

	잘 생각해 보게나, 마태. 어쩌면 6개월이 안 걸릴지도 모르지 않나?	📝 **연출 노트**
마태	예수님. 난 하나님과 민족을 버렸던 죄인입니다. 그런 제가 어떻게…	
예수	형제여, 나는 이 세상에 의인을 부르러 온 것이 아니오. 난 죄인을 부르러 이 땅에 왔소. 그리고 마태 형제의 말처럼 이제까지 형제가 하나님과 이 민족의 죄인으로 살아왔다면, 이제부터는 나와 함께 하나님과 이 민족을 위해 일합시다. 지금 하나님께서 형제의 이름을 부르시고 있소.	
마태	(어떻게 해야 될지 몰라 갈등하다가 추천의뢰가 적힌 두루마리를 꺼내 바라본다)	#8 마태가 마음의 결정을 한 곳.
율리오	그래, 마태. 그 추천서를 보고 잘 선택해. 우린 금방 로마시민이 될 수가 있네. 이 세상에서 행복하게 살 수가 있다고.	
마태	(신중하게) 율리오.	
율리오	그래, 마태.	
마태	내가 자네의 훌륭한 동업자가 될 수 있다고 생각하나?	
율리오	물론이지. 분명히 자네는 나의 훌륭한 동업자일세.	
마태	그리고 우리가 꼭 성공할 수 있다고 생각하나?	
율리오	확실해! 그건 시간 문제네, 마태.	
마태	(잠시 율리오를 바라보다가) 나도 역시 자네	

📝 **연출 노트**

	가 나의 훌륭한 동업자가 될 수 있다고 생각하네. 그리고 우리가 동업을 하면 반드시 성공하리라 믿네.
율리오	(크게 감격하며) 오! 그래, 마태! 잘 선택했네. 결코 후회하지 않을 걸세. (포옹하려고 마태에게 다가간다)
마태	(다가오는 율리오를 바라보며 천천히 두루마리를 찢는다) 율리오!
율리오	(아주 놀라) 마태! 무, 무슨 짓이야.
마태	자네도 나와 함께 예수님을 따르지 않겠나? 예수님의 제자로서 우린 훌륭한 동업자가 될 수 있을 걸세.
율리오	자네 미쳤구만. 이걸 찢어버리다니…
야고보	마태. 잘 선택했어. 진심으로 자네를 환영하네.
제자들	우리도 진심으로 환영하오.
마태	감사합니다.
율리오	(찢어진 두루마리를 바라보며) 세상에! 이럴 수가… 이게 어떤 건데?
마태	저, 예수님. 그 대신 제가 부탁 하나 드려도 될까요?
야고보	부탁이라니?
마태	오늘 저녁에 예수님과 다른 제자분들을 저희 집으로 초대하겠습니다. 제 부탁을 꼭 들어 주시는 거죠?
예수	(미소를 띠며 고개를 끄덕인다)

마태	감사합니다. 아마 제 생애 최고의 영광이 될 겁니다. 그럼 모두 저희 집으로 가시죠.
야고보	그러겠네. 선생님 가시죠. 제가 마태의 집을 알고 있습니다. (예수님과 제자들 다시 시내 쪽으로 이동한다)
마태	(가려다 멈추어서 되돌아보며) 율리오. 자네도 마음이 바뀌거든 언제든지 오게나. 지금 내가 얼마나 행복한지 아마 자네는 모를 걸세. 율리오! 예수님은 죄인인 나를 형제라고 부르시면서 나를 제자로 삼아주셨네. 이것은 로마 시민이 되어서도 결코 누리지 못하는 기쁨일 걸세. 그 누구라도 자신의 헌신과 선택으로 그분의 제자가 될 수 있네. 물론 율리오, 자네도. 그럼 난 가겠네. (마태, 자기 집을 향해 달려간다)
율리오	마태! (가만히 자신의 두루마리와 찢어진 마태의 두루마리를 번갈아 쳐다본다. 잠시 갈등하다가 괴로운 듯 자신의 두루마리를 움켜쥐고 무릎을 꿇으며) 아, 안 돼!

- 막 -

📝 **연출 노트**

#9
예수를 택한 마태와 로마 시민권을 포기하지 못하는 율리오가 비교되듯이 표현된다.

#10
마무리 음악과 함께 암전

공개 법정

구세주 살인 사건

등장 인물

변검사
홍장미

💡 작가 생각

1. 기독교 케이블 TV 방송국에서는 지금도 여러 가지 프로그램이 방송되고 있다. 이 극은 그 중 하나의 프로그램이 될 만한 것을 설정하여 방송 프로그램 진행 형식으로 만들어가는 드라마이다.
   소요시간 30~40분.
2. 이 극에 등장하는 인물은 두 사람인데 때에 따라 모노드라마 형식으로 진행할 수도 있다.
3. 특징적인 것은 관객을 무대 위로 불러내서 극을 진행한다는 것이다. 그러므로 실제 공연시 예측할 수 없는 여러 상황이 벌어질 수 있기 때문에 배우는 모든 상황에 충분히 준비가 되어 있어야 한다.
4. 음악은 이 연극이 방송 프로그램을 진행하는 극이므로 시그널 뮤직을 하나 선정해서 사용하면 된다. 무대 현장에서 라이브로 음악을 연주하면 더 좋다.
5. 의상은 정장으로 하면 무난하고 두 인물의 차이를 두기 위해 안경이나 다른 소품을 사용할 수 있다.
6. 두 인물의 차이는 성격을 달리 해서 나타내야 한다. 사회자는 쾌활하고 활동적인 인물로, 홍 변호사는 섬세하면서 차분한 인물로 설정하는 것이 바람직하다.
7. 용의자로 나오는 관객에게 필요 이상으로 많은 질문을 하거나 어려운 질문을 하는 것은 극의 흐름상 위험하므로 간단한 답을 요구하는

질문만 하는 것이 바람직하다.
8. 지나치게 흥미 위주로 진행하면 뒷부분의 주제가 제대로 전달되지 않을 것이다. 최대한 간단 명료하게 진행하는 것이 좋다.
9. 보다 다양한 시도를 위해 극중에 슬라이드 자료(예수님의 행적에 관한)를 사용할 수도 있다.

📝 **연출 노트**

출연자는 변검사, 홍장미 외에도 연출자, 방송 엔지니어들이 출연할 수가 있고 로마 병사, 빌라도는 배우나 관객이 맡아서 할 수가 있다.

방송국 스튜디오 녹화 현장.
무대 뒤로 '공개 법정'이라는 로고가 보인다.
무대 중앙과 양쪽으로 의자 세 개가 하나씩(사회자, 변호사, 피고) 놓여져 있고 양쪽 의자 앞에는 마이크가 한 개씩 준비되어 있다.
공연이 시작되면 변검사 또는 연출자가 나와서 극중 공개방송이 시작되기 전에 관객들과 박수 연습을 한다. 그래서 관객들이 자연스럽게 방송 프로 안으로 들어올 수 있도록 재미있게 진행한다.
어느 정도 분위기가 무르익으면 방송을 시작한다.

방송 시그널 뮤직

성우   〈공개 법정!〉 이 프로그램의 사회자를 소개하겠습니다.
  가스펠 방송이 낳은 최고의 엠씨!
  언제나 법대로 사는 남자, 그래서 법이 없이는 살 수 없는 남자, 변검사!
  (관객들 박수 유도)

변검사   (등장하며) 안녕하십니까? 가스펠 TV 방송사상 최고의 인기를 달리고 있는 〈공개 법정〉을 진행하고 있는 변검사 인사드립니다.
  제가 어렸을 적에 부모님께서 저에게 너는

#1
극의 내용과 크게 상관이 없는 부분의 대사는 공연 현장 상황에 따라서 즉흥적으로 바꾸어서 할 수도 있다.

📝 **연출 노트**

이 다음에 커서 검사가 되라고 검사라는 아주 좋은 이름을 지어 주셨습니다. 그런 덕분에 이렇게 방송 프로그램에서 사회자 겸 검사의 역할까지 하게 된 것 같습니다. 드디어 제가 이름 값을 하게 된 거죠.

그러면 지금부터 저는 이 프로그램의 사회자 겸 검사의 입장으로 〈공개 법정〉을 진행하도록 하겠습니다.

(한쪽에 준비된 성경을 한 권 들고) 예, 태초부터 지금까지 인류의 영원한 베스트셀러는 바로 이 성서입니다.

바로 이 성서에 나타난 내용 중에서 흥미로운 사건 하나를 골라 공개 방송으로 심층 분석해 보는 〈공개 법정〉.

먼저 오늘의 사건을 말씀드리겠습니다. 오늘 사건은 성서 속에 나타난 한 살인 사건입니다. 성서 속에 한 살인 사건이 있습니다. 그러나 성서는 그 사건의 주범이 누구인가를 구체적으로 밝히고 있지 않습니다.

그래서 오늘 〈공개 법정〉은 바로 이 살인사건의 주범을 찾아보도록 하겠습니다. 공개 법정! 오늘의 사건은, 구세주 살인 사건!

(박수 유도)

시그널 브리지

📝 **연출 노트**

#2
극중에 영상 자료를 사용할 경우 이 부분부터 사용할 수 있다. 영상 자료는 영화에서 발췌가 가능하다.

2000년 전 예수 그리스도는 이 땅에 태어나셨습니다.

그분은 이 땅에서 희망이 없는 사람들에게 진리의 말씀을 가르치셨고, 또 병든 사람들을 고치셨으며, 가난한 사람들에게는 부유한 천국의 마음을 심어 주셨습니다.

하지만 예수 그리스도는 골고다 언덕 위의 십자가에서 죽임을 당했습니다.

우리는 그분이 죄가 없다는 사실을 잘 알고 있습니다. 하지만 그분은 누군가의 모함으로 인해 사형을 선고 받고 십자가 위에서 죽으셨습니다. 그렇다면 이 사건을 살인 사건으로 볼 수가 있습니다.

구세주 살인 사건!

여러분! 성서에 나타난 그 많은 인물들 중에서 과연 이 살인 사건의 주범은 누구일까요? 누가 결정적으로 구세주 예수를 죽게 한 인물이겠습니까?

시청자 여러분, 그리고 방청객 여러분! 이 사건이 흥미롭지 않으십니까? 그렇다면 채널을 고정하시고 끝까지 시청해 주시기 바랍니다. 그럼 이 사건을 제대로 진행하기 위해서 이곳에 한 분을 더 모시겠습니다.

이 분은 저희 방송이 흥미로우면서도 성서의 말씀에서 벗어나지 않도록, 해박한 성서의 지식과 법적인 이해로 우리에게 도움의 말씀을 주실 분입니다.
국내 기독교와 법조계에서 올해 가장 신선하고 아름답게 피어오르는 한 송이 붉은 장미! 홍장미 변호사 님을 소개합니다. 여러분! 뜨거운 박수로 환영해 주시기 바랍니다.
(관객들 박수)

> [!NOTE]
> 연출 노트

홍장미　안녕하십니까? 홍장미 변호사입니다.
오늘 사건은 구세주 살인 사건이니 만큼 그 어느 때보다 신중하게 다루어야 한다고 생각합니다. 그 당시 상황과 성서의 내용을 기본으로 해서 나름대로 최대한 공정하게 이 사건을 진행하도록 하겠습니다.
시청자 여러분, 그리고 방청객 여러분. 여러분들은 이 구세주 살인 사건의 결정적인 주범이 누구라고 생각하십니까? 우리와 함께 고민해 보시죠.

변검사　그럼, 지금부터 이 사건을 진행하도록 하겠습니다. 이미 저희 가스펠 방송국에서는 여러 시청자들의 여론을 종합해서 이 사건의 주범이라고 할 수 있는 용의자 몇 사람을 뽑아 보았습니다. 그 중에서 가장 유력한 용의자 몇 사람을 이 자리에 불러서 공개적으로 심문해 보겠습니다. 단지 이 사건이 2000년 전의 사건이니 만큼 실제 인물을 데려올 수는 없고요, 방청석에 앉아 계신 여러분들 중에 용의자의 입장을 말해 줄 수 있는 몇 분을

📝 **연출 노트**

이 자리에 모셔서 대신 심문하는 형식으로 진행하도록 하겠습니다.
첫번째 용의자를 말씀드리겠습니다.
첫번째 용의자는 예수 그리스도가 십자가 처형을 당할 당시 예수의 손에 못을 박았고, 예수의 가슴을 창으로 찔러서 결정적으로 예수를 죽게 했던 바로 그 로마 병사입니다. 자, 방청석에 앉아 계신 분들 중에서 로마 병사의 역할을 해주실 분 한 분만 앞으로 나와주시기 바랍니다.

사전에 약속된 배우, 또는 즉흥적인 애드리브로 관객 중에서 한 사람이 나올 수 있도록 유도한다. 한 사람이 나오면

#3
즉흥적으로 관객이 무대 위로 나오더라도 충분히 진행이 가능하다. 그 대신 상식선에서 대답할 수 있는 질문만 해야 한다.

예, 저기 한 분이 나오고 계십니다. 로마 병사답게 아주 건장하신 분이 나오고 계십니다.
예, 먼저 자기 소개를 해주시죠. 어디서 오신 누구입니까? (간단한 애드리브)
○○○ 씨라고 하셨죠? 그럼 지금부터는 로마 병사가 당신의 이름입니다. 아, 로마 병사는 너무 많이 있으니까 구체적으로 로마 병사 쓰리(3)로 합시다. 좋습니까? 그렇다면 지금부터 당신은 그 당시 십자가에 매달린 예수를 창으로 찔러서 죽게 한 바로 그 로마 병사가 되는 겁니다.

	연습 한 번 해볼까요?	📝 **연출 노트**
	당신의 이름은 무엇입니까?	
	(대답 듣고) 예! 아주 잘 하셨습니다. 그럼 이 자리에 앉으시죠. (중앙 의자에 앉게 한다)	
	지금부터 당신은 묻는 말에 예면 예, 아니면 아니오, 그리고 그외 간단한 단답형으로만 말씀해 주시기 바랍니다.	
	당신의 이름은 무엇입니까? (대답 듣고 상냥하게)	
	예! 잘 하셨습니다.	
	그럼 한 가지만 더 물어보고 마치겠습니다. 당신이 예수의 십자가 처형 당시에 결정적으로 예수의 옆구리를 창으로 찔러서 죽게 한 바로 그 로마 병사, 맞습니까?	
	('예'라는 대답을 듣고 난 후) 홍 변호사님! 스스로 자기가 예수를 죽였다고 말하는 확실한 용의자가 여기 있습니다. 어서 심문하시죠.	#4 원하는 대답을 유도해서 들은 후에는 죄인에게 하듯 매몰차게 대한다.
	(자기 자리로 가서 앉는다)	
홍장미	안녕하십니까? 저는 홍장미 변호사입니다. 먼저 당신의 직업은 무엇입니까?	
	(대답 듣고) 당신의 이름은 무엇입니까?	
	(대답 듣고) 로마 병사 쓰리?	
	당신이 골고다 언덕 위에서 예수의 손에 못을 막았습니까?	
	(대답 듣고) 그리고 예수님의 옆구리에 창으	

공개 법정 / 구세주 살인 사건

📝 연출 노트

#5
변검사와 홍장미는 연극의 대사가 적힌 메모장을 손에 들고 연기한다. 그래야 많고 복잡한 대사를 큰 실수 없이 순서대로 진행할 수 있다.

로 찔렀습니까?
(대답 듣고) 그럼 당신이 찌른 창 때문에 예수가 피를 많이 흘리게 되었고, 그래서 결국 죽으셨군요.
그렇다면 당신이 예수를 직접 죽였다는 사실인데, 도대체 당신은 왜 예수를 죽였습니까? 그가 당신의 돈을 훔쳐 갔습니까? 아니면, 당신의 애인을 가로채 갔습니까? 아니면 그가 당신을 죽이려고 위협했습니까? 당신은 왜 예수를 죽였습니까?
다시 묻겠습니다. 당신의 이름은 무엇입니까?
(대답 듣고) 로마 병사 쓰리, 여러분 도대체 로마 병사 쓰리란 이름이 이 세상에 어디 있습니까? 하지만 시청자 여러분. 이 사람에게는 이름이 정말로 없습니다. 왜냐하면 성서가 그의 이름을 전혀 밝히고 있지 않기 때문입니다. 만약에 성서의 주인공이라 할 수 있는 예수를 결정적으로 죽게 할 만큼 이 로마 병사가 성서의 핵심적인 인물이라면 왜 성서가 그의 이름을 기록하지 않았겠습니까? 하지만 이 로마 병사는 성서 속에서 엑스트라에 불과하기 때문에 성서는 그의 이름을 굳이 기록할 필요가 없었던 것입니다.
이 로마 병사의 직업은 군인입니다. 당시 로마 병사는 식민지 나라로 파견된 상태입니다. 당시는 언제 전쟁이 일어날지도 모르는 전시였습니다. 전시에 있어서 명령 불복종은 사형죄에 해당합니다.

그렇습니다. 이 로마 병사는 단지 일개 병사로서 상부의 명령에 따라 사형을 집행하는 교도관에 불과합니다. 그는 사형수의 죄에 대하여 스스로 판단할 수 있는 권리조차 없는 일개 병사일 뿐입니다. 그는 위에서 죽이라면 죽이고 살리라면 살릴 수밖에 없었습니다. 이런 로마 병사에게 예수를 죽인 살인죄를 적용한다는 것은 말도 안됩니다.

오히려 예수님께 사형죄를 선고하여 이 사람의 손에 죽게 한 자가 더 큰 책임이 있을 것입니다. 안 그런가요? 변검사 씨?

변검사 듣고 보니 그런 거 같군요.

홍장미 자, 일어나시죠. 당신은 이 사건의 주범이 아닙니다.

변검사 여러분, 사건 진행에 도움을 주신 이 분에게 힘찬 박수를 부탁합니다.

(관객들 박수)

그럼 계속해서 두 번째 용의자를 말씀드리겠습니다.

홍 변호사님! 두 번째 용의자부터는 이름도 있고 엑스트라도 아닌 주연급 용의자로 지목하겠습니다. 그러니까 앞으로는 조금 긴장하셔야 할 겁니다.

📝 **연출 노트**

📝 **연출 노트**

공개 법정! 구세주 살인 사건!
그 두번째 용의자는 당시 유대의 최고 거물급 인사라 할 수 있는 본디오 빌라도입니다! 방청석에 앉아 계신 분들 중에 빌라도 역을 해주실 분 한 분만 나와 주시기 바랍니다. 어느 분이 도와주시겠습니까?

사전에 약속된 사람이나 관객 중 한 명이 나올 수 있도록 애드리브. 한 명이 나오면

예, 저기 로마제국의 총독 분위기를 물씬 풍기시는 한 분이 나오고 계십니다. 이쪽으로 오시죠. 먼저 이름부터 말씀해 주십시오.
(대답 듣고) 예. 하지만 지금부터는 본디오 빌라도가 당신의 이름입니다. 아시겠습니까? 앉으시죠.
지금부터 제가 묻는 말에 예면 예, 아니면 아니오, 또는 간단한 단답형으로만 대답해 주시기 바랍니다.
시청자 여러분! 그리고 존경하는 홍장미 변호사님! 그리스도를 믿는 전 세계 신앙인들이라면 최소한 일주일에 한 번씩은 자신들의 신앙을 고백하는 신앙 고백문이 있습니다. 홍 변호사님은 그것이 뭔지 아십니까?

홍장미	사도신경이죠.
변검사	예! 그렇습니다. 사도신경입니다.

그동안 우리와 우리 신앙의 선배들은 이 사도신경으로 자신들의 신앙을 고백해 왔습니다. 그것은 이 사도신경이 역사적 사실과 전통적인 신앙관으로 만들어진 신앙고백서이기 때문입니다. 바로 이 사도신경에 이런 말이 있습니다.

"본디오 빌라도에게 고난을 받으사 십자가에 못 박혀 죽으시고…"

여러분, 이보다 더 확실한 증거가 어디 있겠습니까? 빌라도 씨, 당신은 당시 유대의 행정적, 군사적 최고 책임자였습니다. 맞습니까?

(대답 듣고) 당신은 그 당시 유다를 통치하고 있을 때, 예수에 대한 재판을 담당했습니다. 맞습니까?

(대답 듣고) 그때 당신은 예수에게서 어떤 죄를 발견하셨습니까?

원하는 대답은 죄가 없었다는 대답이지만, 다른 대답이 나올 경우 적절히 대처하고 다음 대사로 넘어가야 한다.

그렇습니다. 요한복음 19장 4절에 보면 당신은 예수에게로부터 아무런 죄도 발견하지 못했다고 적혀 있습니다. 그런데 본디오 빌라도는 예수 그리스도의 십자가형 집행을 승인했습니다. 당시 빌라도의 권력은 이 재

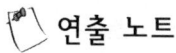 연출 노트

#6
때로는 즉흥적으로 무대에 나온 관객이 의외의 대답을 할 수도 있으므로 그 때를 대비해서 진행에 차질이 없는 애드리브를 준비한다.

📝 연출 노트

#7
자신의 주장에 강한 확신을 가지고

판에서 예수를 죽일 수도 있었고, 살릴 수도 있는 결정적인 권력이었습니다. 맞습니까? (대답 듣고) 그렇습니다. 그 당시 유대인들에게는 사형을 선고하고 집행할 법적인 아무런 능력이 없었습니다. 그래서 유대인들은 예수를 데리고 빌라도에게 갔던 것입니다.
(빌라도에게 단호하게) 그러므로 바로 당신! 빌라도 당신이 죄가 없는 예수님의 십자가형을 승인함으로써 결정적으로 무고한 예수 그리스도는 죽게 된 것입니다. 알겠습니까? 바로 당신 때문에!
홍 변호사님, 마이크를 들고 나오시죠.

홍장미 예, 변검사 씨의 와일드한 심문 아주 인상적이었습니다.
본디오 빌라도 씨, 당신은 예수의 죽음을 승인한 결정권자였습니다. 그럼 당신은 언제부터 예수를 죽여야 한다고 생각했습니까?

죽이고 싶지 않았다는 대답이 정상이지만 그렇지 않을 경우 적절히 대처한다.

(놀란 듯이) 죽이려고 하지는 않았다고요?
아니, 당시 모든 유대인들이 예수란 죄인을 죽이라고 했었는데 어째서 당신은 예수를 죽여야 한다고 생각하지 않았습니까?
죽일 만한 죄를 발견하지 못했다는 대답이 정상이지만 그렇지 않을 경우 적절히 대처한다.

        시청자 여러분. 우리가 성서를 조금만 주의 깊게 읽어보면 과연 본디오 빌라도가 예수를 죽이려고 한 인물인지, 살리고 싶어했던 인물이였는지를 금방 알 수가 있습니다. 빌라도가 정말 예수를 죽이고 싶었다면 그는 이미 처음부터 사형선고를 내렸을 것입니다. 하지만 빌라도는 예수에게 죄가 없다고 변호하면서 오히려 예수를 죽히려했던 서기관과 제사장들을 설득했습니다. 처음부터 마지막까지 빌라도의 고민은 어떻게 하면 '예수를 죽일 수 있는가' 가 아니라 '어떻게 하면 예수를 살릴 수 있는가' 하는 고민이었습니다.

변검사   하지만 그 당시 최고 결정권자였던 빌라도에게 분명히 책임은 있습니다.

홍장미   하지만 빌라도는 유대의 왕이 아니라 로마로부터 파견된 총독입니다. 빌라도에게 있어서 그의 의무는 식민지 유다 청년 하나를 살리는 것보다 식민지에서 반란을 저지하여 많은 인명 피해를 없게 하는 것이 더 중요했을 겁니다.

        마지막까지 예수를 살리기 위해서 '바라바' 라는 죄수까지 풀어 주어야 했던 빌라도. 식민지 반란을 막기 위해서 어쩔 수 없이 유

> 📝 **연출 노트**
>
> #8
> 긴 대사 중간에 상대 배우의 간단한 대사는 극의 전체적인 지루함을 덜고, 배우의 주장에 보다 강한 설득력을 준다.

> 연출 노트

다 청년 하나의 생명을 포기할 수밖에 없었던 빌라도.

그에게 예수의 살인 혐의를 씌운다는 것은 너무나 무리가 있습니다. 그에게 굳이 죄를 묻는다면 직무유기 정도라고 할 수 있을 겁니다. 오히려 빌라도의 권력을 이용하여 예수를 죽이려고 했던 사람들에게 더 큰 살인 혐의가 있을 것입니다. 빌라도는 결코 이 사건의 주범이 될 수 없습니다.

안 그런가요? 변검사 씨?

변검사 예, 듣고 보니 또 그런 거 같네요.

홍장미 자, 그럼 빌라도 씨도 일어나시죠. 들어가셔도 좋습니다.

변검사 여러분, 이 사건에 도움을 주신 이 분께 큰 박수를 부탁합니다.

(관객들 박수)

예. 이렇게 해서 두 번째 용의자도 결정적인 살인혐의가 없이 풀려났습니다. 전 이 사실을 이렇게 받아들이겠습니다.

첫번째, 두 번째 용의자에게 혐의가 없다는 것은 바로 이 세번 째 용의자가 진짜 범인일 확률이 더 많아졌다고 말입니다. 더군다나 세 번째 용의자는 분명히 예수를 처음부터 죽이려 했던 인물입니다.

당시 예수를 죽이고 싶어했던 무리들, 즉 바리새인, 서기관들, 장로들, 제사장들 바로 이들의 우두머리급이라 할 수 있는 대제사장 가야바를 결정적인 세 번째 용의자로 지목합니다.

시청자 여러분!

가야바 대제사장의 살인 혐의는 확실합니다. 왜냐하면 가야바와 제사장들이 예수를 죽이기 위해 사전에 모의했던 사실을 성서가 분명히 기록하고 있기 때문입니다.

마태복음 26장 3절. "그때에 제사장들과 백성들의 장로들이 가야바라 하는 대제사장의 집에 모여 예수를 궤계로 잡아죽이려고 의논하되." 시청자 여러분, 바로 이들이야말로 예수를 죽이기 위해서 이미 오래 전부터 사전모의를 해왔었고, 또한 예수가 죽는 그 순간까지 이 살인 사건을 주도해 온 인물입니다. 그러므로 가야바와 그 일행이 구세주 살인 사건의 결정적인 주범이라고 할 수 있습니다!

홍장미   변검사 씨, 한 가지! 가야바와 그 일행을 살인범으로 속단하기에 앞서 한 가지 생각해 봐야 할 것이 있습니다. 만약 그들이 정말 예수를 죽이려고 마음을 먹었다면 그들은 왜 청부 살인이라는 방법을 사용하지 않았을까요? 당시 그들의 사회적 위치로 봐서 이 방법은 충분히 가능했습니다. 그런데 여기서 한 가지 걸리는 문제가 있는데, 가야바와 그

> 연출 노트

#9
제사장 역의 사람을 무대 위로 부르지 않는 것은 지루한 반복을 막고, 보다 빠르게 극을 진행하기 위함이다.

📝 **연출 노트**

#10
두 배우의 대사가 보다 논리적이려면 당시 상황에 관련한 말씀 묵상과 관련 자료 조사가 필요하다.

일행들이 예수를 심문할 때에 굳이 법의 절차를 지키려고 했다는 사실입니다.

변검사 　지금 법의 절차라고 하셨습니까?

홍장미 　예! 성서에 나타난 예수의 재판 과정을 살펴보면 예수는 결코 단 한번의 재판으로 사형이 집행된 것은 아니었습니다.
첫번째, 예수는 당시 유다 종교계의 원로급이라 할 수 있는 안나스로부터 예비심문을 받았습니다.
두 번째는 가야바의 심문을 받았습니다.
그리고 세 번째, 빌라도의 1차 심문이 있었습니다.
네 번째, 헤롯왕의 심문이 있었습니다.
그리고 마지막으로 다섯 번째, 빌라도의 2차 심문에서 예수는 사형선고를 받았습니다.
왜 이들이 굳이 이런 절차를 하나하나 밟아 나갔는지 한 번쯤 생각해 봐야 되지 않겠습니까?

변검사 　홍 변호사님은 지금, 가야바와 그 일행이 예수를 재판하는 데 있어서 그들이 법적인 절차를 지키려고 했다는 사실을 크게 부각시킴으로 이 사건을 당시 법정의 오판으로 유도하고 있습니다. 그래서 이들의 살인 혐의를 조금이라도 희석시키려 하고 있은 것 같습니다.
하지만 그들이 밟아갔던 그 법적인 절차를

들의 우두머리급이라 할 수 있는 대제사장 가야바를 결정적인 세 번째 용의자로 지목합니다.
시청자 여러분!
가야바 대제사장의 살인 혐의는 확실합니다. 왜냐하면 가야바와 제사장들이 예수를 죽이기 위해 사전에 모의했던 사실을 성서가 분명히 기록하고 있기 때문입니다.
마태복음 26장 3절. "그때에 제사장들과 백성들의 장로들이 가야바라 하는 대제사장의 집에 모여 예수를 궤계로 잡아죽이려고 의논하되." 시청자 여러분, 바로 이들이야말로 예수를 죽이기 위해서 이미 오래 전부터 사전모의를 해왔었고, 또한 예수가 죽는 그 순간까지 이 살인 사건을 주도해 온 인물입니다. 그러므로 가야바와 그 일행이 구세주 살인 사건의 결정적인 주범이라고 할 수 있습니다!

홍장미　변검사 씨, 한 가지! 가야바와 그 일행을 살인범으로 속단하기에 앞서 한 가지 생각해 봐야 할 것이 있습니다. 만약 그들이 정말 예수를 죽이려고 마음을 먹었다면 그들은 왜 청부 살인이라는 방법을 사용하지 않았을까요? 당시 그들의 사회적 위치로 봐서 이 방법은 충분히 가능했습니다. 그런데 여기서 한 가지 걸리는 문제가 있는데, 가야바와 그

> **연출 노트**
>
> #9
> 제사장 역의 사람을 무대 위로 부르지 않는 것은 지루한 반복을 막고, 보다 빠르게 극을 진행하기 위함이다.

📝 **연출 노트**

#10
두 배우의 대사가 보다 논리적이려면 당시 상황에 관련한 말씀 묵상과 관련 자료 조사가 필요하다.

	일행들이 예수를 심문할 때에 굳이 법의 절차를 지키려고 했다는 사실입니다.
변검사	지금 법의 절차라고 하셨습니까?
홍장미	예! 성서에 나타난 예수의 재판 과정을 살펴보면 예수는 결코 단 한번의 재판으로 사형이 집행된 것은 아니었습니다. 첫번째, 예수는 당시 유다 종교계의 원로급이라 할 수 있는 안나스로부터 예비심문을 받았습니다. 두 번째는 가야바의 심문을 받았습니다. 그리고 세 번째, 빌라도의 1차 심문이 있었습니다. 네 번째, 헤롯왕의 심문이 있었습니다. 그리고 마지막으로 다섯 번째, 빌라도의 2차 심문에서 예수는 사형선고를 받았습니다. 왜 이들이 굳이 이런 절차를 하나하나 밟아 나갔는지 한 번쯤 생각해 봐야 되지 않겠습니까?
변검사	홍 변호사님은 지금, 가야바와 그 일행이 예수를 재판하는 데 있어서 그들이 법적인 절차를 지키려고 했다는 사실을 크게 부각시킴으로 이 사건을 당시 법정의 오판으로 유도하고 있습니다. 그래서 이들의 살인 혐의를 조금이라도 희석시키려 하고 있은 것 같습니다. 하지만 그들이 밟아갔던 그 법적인 절차를

살펴보면 오히려 그들의 살인 혐의는 더욱 뚜렷해집니다. 왜냐하면 그들은 결코 법의 절차를 지키지 않았기 때문입니다.

첫째, 유대인의 소송법에는 중요한 소송 건일 경우 야간 재판이 금지되어 있습니다. 하지만 어떻습니까? 예수는 한밤중에 잡혀서 새벽에 사형장으로 끌려가셨습니다. 오로지 야간에만 재판이 이루어졌습니다.

둘째, 분명히 이런 재판은 산헤드린이라는 공적인 장소에서 행해야 함에도 불구하고 재판은 가야바의 집 앞뜰에서 벌어졌습니다.

셋째, 당시 유대법 상 피고인에게 변호인단이 구성되어야 하는데도 예수에게는 단 한 명의 변호인도 없었습니다.

넷째, 이토록 중요한 소송건일 경우 이틀에 걸쳐 진행하도록 되어 있습니다. 그러나 이들은 규정을 어기고 하룻밤만에 모든 재판을 진행시켜 버렸습니다.

왜 그랬을까요? 당시 유대의 법을 가장 잘 알고 있는 그들이 왜 그 법을 어기면서까지 이 재판을 밀어 붙였을까요? 왜?

바로 예수를 죽이려고 했기 때문입니다. 가야바와 그 일행이야말로 예수 그리스도를 결정적으로 죽인 살인범인 것입니다.

홍장미 　예. 좋습니다.

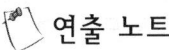 연출 노트

#11
이 연극이 전체적으로 두 배우의 대사에 의존하고 있으므로 대사에 맞는 영상 자료가 필요하다. 동영상, 사진 자료, 그림 등.

📝 연출 노트

저도 가야바와 그 일행이 예수를 죽이려고 했다는 사실을 인정합니다. 물론 그들이 예수를 죽이려고 했던 사실만으로도 충분한 살인 혐의가 있다고 할 수도 있습니다.
하지만 우리가 다른 쪽에서도 한번 생각을 해봅시다. 유대의 율법에는 신성모독이라는 죄가 있습니다. 그리고 그 죄의 형벌은 사형입니다. 돌로 쳐죽이는 겁니다. 그런데 가야바 일행들이 예수를 죽이려고 했던 이유는 물론 정치적인 이유도 배제할 수는 없지만, 결정적인 이유는 바로 이 신성모독에 있었습니다. 예수는 실제로 유대 사람들에게 자신이 곧 메시야요, 하나님의 아들이라고 말함으로 이 신성모독에 해당하는 발언을 하신 것이 사실입니다. 만약 예수가 구세주가 아니었다면 가야바의 행위는 옳은 것이었을 겁니다.
물론 예수는 구세주였습니다.
하지만 불행히도 가야바와 그 일행은 결코 이 사실을 알지 못했습니다. 다시 말해 가야바와 그 일행은 한 인간 예수를 죽인 것이지, 구세주를 죽이려고 하지는 않았다는 겁니다. 지금 우리가 다루고 있는 사건은 분명히 구세주 살인사건입니다.
또 다른 시각에서 생각해 봅시다.
어떻게 한 인간 가야바에게 구세주를 죽일

수 있는 능력이 있겠습니까? 예수가 구세주인데 어떻게 한 인간의 모략에 의하여 죽임을 당하시겠습니까? 이 사건에는 뭔가 더 근본적인 원인이 있을 것 같습니다.

변검사 (뭔가 실마리를 잡은 듯 깊게 생각을 한다)

홍장미 구세주 예수 그리스도가 이 땅에 내려와 어느 한 사람에 의해서 창에 찔리고, 어느 한 집단에 의해서 모략을 당하고, 어느 한 민족에 의해서 죽으셔야만 했던 그 이유는 무엇일까요. 그 어떤 힘이 구세주를 죽음으로 몰고 갔을까 하는 것입니다.

죄 없으신 예수가 반드시 죽으셔야만 했던 그 이유. 죄 없으신 예수를 죽음으로 밀어버린 그 어떤 존재가 오히려 예수를 결정적으로 죽게 한 주범이 아닐까요? 그렇다면 그 결정적인 살인범은 누구겠습니까?

변검사 홍 변호사님. 이제야 알았습니다. 그 범인이 누군지 이제는 알았습니다.

전 이제까지 성서 속의 인물 가운데에서만 이 범인을 찾으려고 했습니다. 하지만 예수를 결정적으로 죽게 한 범인은 성서 밖에 있다는 것을 알았습니다.

예수는 우리가 죽인 것이었습니다.

바로 우리 인간들의 죄 때문에 예수가 죽으셔야 했으니까요. 우리의 죄가 아니었으면 예수는 가야바와 빌라도, 그 외 그 누구에게

📝 **연출 노트**

#12
변검사가 새로운 것을 깨닫게 되는 시점이다.

연출 노트		
		도 죽지 않았을 겁니다. 그러므로 결정적인 책임은 바로 우리에게 있는 것입니다. 그래서 요한복음 1장 29절에서는 "요한이 예수를 보고 가로되 보라 세상 죄를 지고 가는 하나님의 어린양이로다"라고 했고, 이사야 53장 5절에서는 "예수가 찔림은 우리의 허물을 인함이요, 예수가 상함은 우리의 죄악을 인함이라 예수가 징계를 받음으로 우리가 평화를 누리고 예수가 채찍에 맞음으로 우리가 나음을 입었도다"라고 말한 것입니다. (중앙에 있는 피고인 의자에 앉으며) 그러므로 이 피고인 자리에 앉아야 할 사람은 바로 나 자신이었습니다. 내가, 그리고 우리가 예수를 죽였습니다. 홍 변호사님, 저에게 심문을 하십시오.
	홍장미	예. 이제 이 사건은 어느 정도 결론이 나온 것 같습니다. 변검사 씨도 결론을 내렸고, 아마 많은 시청자 여러분들과 이 자리에 앉아계신 여러분들도 나름대로 결론을 내렸을 것입니다. 물론 저도 힘들었지만 어렵게 어렵게 결론을 내렸습니다. 구세주 예수 그리스도를 죽음으로 던진 자는 과연 누구인가! 하지만 저의 결론은 사회자 변검사 씨와는 다릅니다. 구세주를 죽음으로 던진 존재는 분명히 성서 안에 있었습니다. 시청자 여러

분, 그리고 이 자리에 앉아 계신 여러분. 의외로 이 사건의 해답은 너무 쉽고 당연한 것이었는지 모릅니다. 생각해 봅시다.

우리 인간은 창조주 하나님께서 만드신 한낱 피조물에 불과합니다. 그런데 어떻게 피조물인 인간이 창조주 하나님을 죽일 수 있겠습니까? 우리가 무슨 힘으로 구세주 하나님을 죽일 수 있겠습니까? 예수 그리스도를 죽게 할 수 있는 존재는 이 세상에 오직 한 분밖에 없었습니다.

전능하신 여호와 하나님!

변검사 (놀라서) 홍 변호사님! 어떻게… .
어쨌든 분명한 것은 예수님은 우리들의 죄 때문에 죽으셨습니다.

홍장미 그렇습니다. 예수님을 죽게 한 원인은 분명히 우리들의 죄 때문이었습니다. 하지만 더 분명한 것은 우리들은 그 누구도 예수를 죽게 할 능력이 없다는 사실입니다. 오직 하나님만이 구세주 예수를 죽음 가운데로 던질 계획을 세울 수 있으며, 그리고 그 계획을 실행할 수 있는 유일한 힘을 갖고 계십니다.

그래서 예수는 십자가에서 외쳤습니다.
"나의 하나님, 나의 하나님 어찌하여 나를 버리셨나이까…"

사회자님이 조금 전에 이사야 53장 5절의 말씀을 해주셨는데, 그 다음 6절에는 이런 말

📝 **연출 노트**

#13
이 연극의 반전이라고 할 수 있는 부분이다.

> **연출 노트**
>
> #14
> 잔잔한 배경 음악

쏨이 있습니다. "여호와께서는 우리 무리의 죄악을 예수에게 담당시키셨도다."
그렇습니다. 바로 하나님께서 당신의 아들 예수를 죽음 가운데로 던지셨습니다. 죄로 말미암아 죽을 수밖에 없었던 우리를 살리시기 위해서!

변검사 그렇다면 오늘 구세주 살인 사건의 결정적인 주범이, 아니 결정적으로 예수를 죽게 한 분이 하나님이시라는 건가요?

홍장미 그렇습니다. 그 죽음의 원인은 비록 우리 인간들에게 있었지만 실제로 예수를 죽게 했던 힘은 바로 하나님에게서 온 것이었습니다. 하늘로부터 온 힘이 아니면 그 누구도 구세주 예수 그리스도를 죽게 할 수가 없습니다. 그러나 아들 예수를 죽게 한 그 힘은 바로 하나님의 사랑이라는 겁니다.
사회자님. 로마서 5장 8절을 기억하고 계십니까?

변검사 로마서 5장 8절이요? (말씀의 의미를 생각하며) 예.
"우리가 아직 죄인 되었을 때에 그리스도께서 우리를 위하여 죽으심으로…"

변검사, 홍장미
"하나님께서 우리에게 대한 자기의 사랑을 확증하셨느니라."

홍장미 이상입니다. (자기 자리로 돌아가 앉는다)

| 변검사 | 예. 홍 변호사님의 마지막 변론 감사합니다. 시청자 여러분, 그리고 방청객에 앉아 계신 여러분.
오늘 〈공개 법정〉 구세주 살인 사건은 여기서 매듭을 지어야 할 것 같습니다.
구세주 살인 사건!
어쩌면 이 사건의 이름을 다른 것으로 바꿔야 할 것도 같군요. 어차피 이 사건의 결론은 시청자 여러분의 판단에 달려 있으니까요. 여러분들이 사건의 이름도 한번 만들어 보시죠. 여러분들은 이 사건을 어떻게 생각하고 계십니까?
여러분들과 함께 하는 〈공개 법정〉, 오늘 순서는 여기까지입니다. 끝까지 시청해 주셔서 감사합니다. 평안한 하루가 되십시오. |

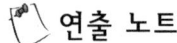 **연출 노트**

#15
변검사의 마지막 방송 멘트는 극의 전개상 진지하면서도 방송 프로그램의 사회자로서 객관적인 자세로 마무리하는 것이어야 한다.

시그널 뮤직

변검사와 홍장미가 서로 악수를 하며 무대 밖으로 퇴장한다.
암전

- 막 -

막간극

별난 천사와 크리스마스

등장 인물

별난 천사

작가 생각

1. 이 극은 막간극으로, 크리스마스 공연 행사와 함께 하는 연극이다.
2. 크리스마스 공연 행사 때에 일반적으로 사회자가 공연 순서를 소개하는 형식보다는 별난 천사와 같은 연극적인 요소를 첨가하면 보다 재미있고 의미 있는 공연이 될 수가 있다.
3. 이 대본은 몇 년 전 크리스마스 때, '성탄별곡'이란 행사 때에 실제로 사용했던 대본을 다시 정리해서 만든 것이다.
4. 전체적으로 밝은 분위기의 크리스마스 공연을 준비하는 경우에 잘 맞을 수 있다.
5. 막간극의 별난 천사 멘트와 크리스마스 행사를 위해서 준비한 공연이 서로 잘 어울리게 구성하는 것이 중요하다.
6. 때로는 공연의 큰 주제를 보강하기 위해서 별난 천사의 대사를 공연의 주제에 맞게, 또는 이후 공연 순서에 맞게 수정할 수 있다.
7. 대본 중간에 있는 프로그램 1~6은 따로 준비한 공연의 순서를 넣거나 처음부터 별난 천사의 대사와 어울리는 공연의 순서를 사전에 기획해서 재미있게 공연을 만들 수도 있다.

프로그램 1 - 오프닝

1장 - 별난 천사

멜빵 청바지, 상의는 반짝이는 하얀 옷차림으로 롤러스케이트를 타고 무대 위로 등장한다.

안녕하세요?
아, 요즘은 이렇게 인사를 하죠? 메리 크리스마스!
저는 하늘에서 내려온 천사입니다.
헤헤ㅡ. 여러분들이 믿지 않으실 거라는 거, 잘 알고 있어요.
보시다시피 저는 나풀거리는 하얀 옷도 입지 않았고, 머리 위에 하얀 원도 없고, 결정적으로 겨드랑이 밑에 날개도 없으니까요.
하지만 그런 모습은 사람들이 만들어 낸 모습이고요, 실제 천사의 모습은 여러분들이 생각하시는 것보다 훨씬 더 다양하죠.
하지만 너무 걱정하지 마세요. 저처럼 생긴 천사는 저 하나밖에 없으니까요.
짐작하셨겠지만, 다른 천사들도 저를 별난 천사라고 불러요.
하긴 내가 생각해도 내가 좀 별나기는 해요.
좋게 얘기하면 개성이 뚜렷한 신세대 천사라고나 할까요?
저는 워낙 개성이 뚜렷해서 이렇게 옷 입는 걸 좋아하

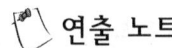 연출 노트

#1
무대의 공연 장소의 현장에 맞게 연출해야 한다. 가능한 모든 방법을 동원해서 공연 장소의 모든 지형을 활용하는 것이 흥미를 더할 수 있다.

#2
가능하면 배우의 대사는 핀 마이크 또는 무선 마이크를 사용하는 것이 좋다.

연출 노트	

고, 장난기도 많고, 정말 희한한 것은 날아다니는 것 보다 이렇게 굴러다니는 것을 더 좋아한다는 사실이에요. 웃기죠? 하지만 진짜예요.

천사로서 부끄러운 고백이지만 사실 저한테는 고소공포증 같은 게 있거든요. 비행이 서툴러서 공중에 떠 있으면 아주 불안해요.

이제 제 얘기는 그만하죠.

오늘은 크리스마스에 대해서 이야기하는 날이니까요.

참, 여러분은 크리스마스가 무슨 뜻인지 알고 계시죠?

크리스마스! 바로 '그리스도의 날' 이란 뜻이에요.

그럼, 저와 함께 그리스도께서 태어나시던 베들레헴 새벽, 그 날로 가보실까요?

#3
원활한 무대 진행을 위해서 배우가 대사를 하는 동안 다음 프로그램을 미리 준비하고, 프로그램이 진행되는 동안 배우는 다음 순서를 준비한다. 연기하는 배우와 프로그램 준비 공간이 겹치지 않도록 한다.

프로그램 2 - 음악 또는 영상

2장 - 위로자 예수 그리스도

계단에 앉아서 기타를 치며, 찬송가 123장 '저 들밖에 한밤중에' 2절을 부르고 나서

힘찬 나팔 소리! 구름 사이로 햇살을 가르며 하늘에서 내려오는 불마차!

그리고 천군 천사와 함께 이 땅으로 내려오는 메시아!

2000년 전에 제가 생각했던 메시아의 모습이었어요.

아마 다른 천사들도, 그리고 땅 위에 사는 많은 사람들도 이렇게 생각했을 거예요.
그런데 하나님께서는 별난 생각을 하셨어요.
메시아가 사람의 아기로 태어난다는 정말 별난 생각이셨죠.
마리아에게 이 소식을 전하러 가는 가브리엘 천사장님의 얼굴도 무척 당황하는 표정이었어요.
안 그러겠어요?
아기 메시아의 모습을 한번 상상해 보세요.
아무 것도 입지 않은 핏덩어리에 혼자 걷지도 못하고, 사람의 젖을 먹고 자라는, 그리고 앞뒤로 이상한 것이 나오면 다 닦아 줘야 하는 메시아.
세상을 구원하기 위해 오신 하나님의 이미지와 전혀 어울리지가 않잖아요.
그땐 정말 이해할 수가 없었어요.

그런데 나중에 가브리엘 천사장님이 저에게 가르쳐 주시더군요.
메시아는 세상을 힘으로 구원하기 위해서 태어나신 것이 아니라, 사랑으로 구원하기 위해서 태어나셨다고요.
하나님께서는 사람으로 태어나 사람들의 아픔과 고난을 모두 체험하시고, 그래서 사람들의 진정한 위로자가 되려고 하신 거였죠.

헤헤. 제가 오랜만에 정말 천사 같은 말만 했죠?
하여튼 제 말의 결론은 여러분들의 위로자가 되시는 예

연출 노트

> **연출 노트**

#4
높은 곳으로 오르기가 힘들 경우, 책상 높이 정도 높은 곳에서 연기하거나 무대 뒤로 하늘 풍경을 그려서 표현할 수 있다.

#5
배우가 말하는 거리풍경을 영상으로 보여줄 수도 있다.

수님의 손을 꼭 잡으라는 거예요.

프로그램 3

3장 - 진정한 크리스마스

공중 그네를 타고 올라가면서. 또는 높은 곳으로 올라가서.

와! 오랜만의 비행이라 멀미가 날 것 같군요.
벌써 현기증이 나네요. 이상하죠?
땅 위에서 본 하늘은 파란데, 막상 공중에 올라와서 보면 하늘이 노랗거든요.
하지만 작년 크리스마스날 제가 오랜만에 이 땅에 내려왔었는데, 그때 받았던 충격에 비하면 지금의 현기증은 별 게 아니네요.
이 세상의 크리스마스는 제가 멀리서 봤을 땐, 가장 아름답고 멋있는 날이었어요.
그런데 막상 이 세상에 내려와 자세히 보니 그게 아니더군요.
처음에 저는 모든 술집마다 화려한 크리스마스 장식을 해놓았길래, '비록 술은 팔지만 그래도 믿음이 좋은 주인들이구나' 하고 생각했었거든요.
그런데 그게 아니었어요.
종류가 수천 가지나 되는 크리스마스 카드의 모델도 예수님이 아니었구요.

오히려 산타 씨와 루돌프라는 사슴이 훨씬 더 유명한 거예요. 하늘 나라에 있는 산타 씨가 왜 크리스마스를 싫어하는지 그제야 알 것 같았죠.
매년 크리스마스 때마다 사람들이 예수님의 자리에 산타를 올려다 놓았으니, 산타 씨가 예수님께 얼마나 죄송하겠어요.

변질된 크리스마스는 크리스마스가 아니에요.
화려한 장식과 비싼 선물, 입체로 된 크리스마스 카드. 이런 게 없어도 예수님이 계신 곳이라면 그곳이 바로 크리스마스죠.
그리고 보면 2000년 전이나 오늘이나 진정한 크리스마스는 작은 마구간에 가야 볼 수 있는 것 같아요.

📝 연출 노트

프로그램 4 - 연극

4장 - 당신의 크리스마스 이야기

롤러스케이트를 타고 무대 위를 달리며.

#6
롤러스케이트를 타는 천사 대신 음악과 춤을 좋아하는 별난 천사로 표현할 수도 있다.

"당신은 어떤 크리스마스 이야기를 가지고 있습니까?"
제가 이렇게 물어보면 사람들은 모두가 자기들이 알고 있는 감동적인 크리스마스 이야기에 대해서만 말하죠. 특히 오 헨리 단편집에 나오는 어느 가난한 부부의 크리스마스 선물에 얽힌 이야기는 참 감동적이죠. 그밖에도

📝 **연출 노트**

어떤 사람은 〈가위손〉, 〈나 홀로 집에〉, 〈다이하드〉 같은 좀 황당한 영화 이야기도 해주더군요.

하지만 제가 듣고 싶었던 이야기는 책이나 영화에서 나오는 그런 이야기가 아니었어요.
저는 바로 당신이 겪은,
그래서 당신만이 알고 있는 당신의 크리스마스 이야기를 듣고 싶었던 거죠.
자, 여러분의 가슴속에는 어떤 크리스마스 이야기가 있나요?

프로그램5

5장 - 작은 마구간 하나

모든 사람들과 함께.

자, 생각해 보셨나요? 여러분에게 어떤 크리스마스 이야기가 있나요?
예? 없다고요? 잘 모른다고요?
그렇다면 이번 크리스마스 선물로 제가 여러분들에게 가르쳐 드리죠.
여러분 마음속에 작은 마구간 하나를 만들어 보세요.
그러면 아주 멋지고 감동적인 여러분들만의 크리스마스 이야기를 꼭 가질 수 있으니까요.

정말이에요. 아기 예수님이 태어날 수 있는 아주 작은 마구간 하나만 있으면 충분해요.
어렵지 않죠?

언제가 저 천국에서 예수님과 함께 크리스마스 축제를 벌이는 날이 분명히 오겠죠.
그때, 2000년 전 동방박사가 그랬던 것처럼 여러분들도 여러분들만의 소중한 크리스마스 이야기를 예수님께 꼭 선물할 수 있기를 바래요.
그리고 그때, 이 별난 천사의 이야기도 꼭 해주세요.
고소공포증이 있다는 말은 빼고요.
이제 별난 천사는 다른 곳으로 가야 할 것 같아요.
다른 곳에서 또 새로운 크리스마스 이야기를 나누어야 하니까요.
여러분! 주님의 나라에서 다시 만나요.
메리 크리스마스! 메리 크리스마스!

프로그램 6 - 엔딩

- 막 -

> **연출 노트**
>
> #7
> 마지막 장면에서 별난 천사는 관객에게 사탕과 같은 선물을 나누어 줄 수도 있다. 또는 축제의 폭죽이 터지며 모든 출연자들이 다함께 크리스마스 성가를 부르며 마치는 것도 방법이다.

예수! 그는 누구인가?

등장 인물

예수
병사들
사마리아 여인
여인의 동생
베드로
말고

작가 생각

1. 이 극은 노래극으로 사용할 수 있고, 아니면 노래 부분을 빼고 일반 극으로도 사용할 수 있다.
2. 노래극으로 사용할 경우, 노래의 곡목은 자유롭게 창작 또는 선택해서 사용할 수 있고, 연출자의 재량에 따라서 곡의 위치도 조절이 가능하다.
3. 프롤로그 단계는 예수님의 고난을 상징적으로 보여주는 부분으로서 십자가 대신 붉은 동아줄을 사용했다. 그리고 붉은 동아줄이 예수의 양손에서 양쪽 객석 위로 향하도록 했는데, 이는 우리 모두의 피값을 대신하시는 예수를 상징하는 것이다.
4. 특수 효과가 어려운 부분에서는 최대한 간결하게 연출하는 것이 좋다.
5. 무대는 임의로 설정한 장소이기에 장소를 사실적으로 표현하려고 애쓰기보다는 상징적인 이미지로 연출하는 것이 좋을 것이다.
6. 이 연극에 등장하는 인물은 성경에 실제로 있는 인물이지만, 이 연극의 설정은 저자가 임의로 연출한 것으로써 등장하는 세 인물을 통해서 구원자 예수의 존재를 다시 한번 나누어 보고자 했다.

프롤로그

- 노래 1 -

노래 1이 시작되면서 어둠 속에서 채찍 소리와 고통스런 비명 소리가 들린다.
푸른 조명이 객석 뒤에서 무대를 향해 비추면 객석 중앙에서 걸어나오는 예수의 모습이 희미하게 보인다.
십자가를 상징하는 붉은 색 긴 동아줄이 예수의 두 팔을 가로질러 양쪽에서 병사들이 쥐고 있다. 예수의 양쪽으로 붉은 동아줄이 객석 위로 지나가면서 무대까지 오른다.
중앙에서 뒤따라가는 병사는 간간이 채찍질을 한다. 무대는 이미 연기로 자욱하다.
무대 위에 오르면 객석에서 무대를 향하는 조명이 꺼지고, 무대 뒤편에서 객석을 향하는 조명이 강하게 켜진다. 예수의 형체는 보이지만 얼굴이 보이지 않을 정도이다.
무대 위에서 예수는 십자형으로 동아줄에 묶인 채 고난을 당한다. 양편에서 병사들이 동아줄을 쥐고 있고, 가운데 있는 병사는 예수에게 채찍질을 한다.

예수　　나의 하나님, 나의 하나님.
　　　　어찌하여 나를 버리셨나이까?
　　　　내가 목마르다.
　　　　다 이루었다.
　　　　아버지여, 내 영혼을 아버지 손에 부탁하나이다.

연출 노트

#1
프롤로그는 다양하게 연출할 수 있다. 영상으로 보여주거나 무용으로 표현할 수도 있고, 또는 퍼포먼스 형식을 빌어 상징적 표현도 가능하다.

📝 **연출 노트**

예수가 운명하면서 커다란 천둥소리가 들리며, 어둔 하늘에 번개가 치듯 사이키 조명이 현란하게 보인다.
놀라는 군사들. 피어오르는 연기 속에서 두려워하는 병사들.
천둥소리와 함께 서서히 암전.

무덤으로 가는 길목

잠시 적막한 어둠이 깔리고 난 후, 무대가 서서히 밝아진다.
이곳은 예수의 무덤 근처 한적한 곳.
희미한 아침 안개 속에서 베드로가 혼자 앉아 고민을 한다.
잠시 후, 말고가 등장하여 주변을 조심스럽게 살핀다.
순간 한 사내를 발견하고 놀란다.
하지만 자신이 경계할 사람이 아님을 느끼고 안도의 한숨.
사내가 앉은 반대편으로 가서 돌 위에 앉아 잠시 휴식을 취한다.
이때 무대 중앙 뒤편으로 사마리아 여인들이 등장한다.

동생　　(언니를 말리며) 언니! 언니! 여기까지 오시면 위험해요.

여인　　그분도 그러셨어.

동생　　예?

여인　　유대인이 사마리아 여자인 나에게 와서 말을 건네신 거.
　　　　그분에게는 오해를 받을 수도 있는 위험한 일이었어. 하지만 그분은…

동생　　언니! 그분은 삼 일 전에 죽으셨어요. 이젠 잊으세요.

- 노래 2 연주곡 -

베드로   잊혀지지가 않아. 지난 삼 년 간 그분과 함께 있었던 모든 순간들이.
그분은 날 특별히 사랑해 주셨는데, 난 세 번씩이나 그분을 부인했으니….
(울먹이며) 그분 무덤에 갈 용기도 나지가 않아. 내가 왜 그분을 세 번씩이나 부인했을까?

말고   내가 여기까지 온 걸 알면, 대제사장은 날 죽이려고 하겠지. 하지만 오지 않을 수가 없었어.
(울먹이며) 그분이 나에게 ….
그분은 당신을 죽이려고 했던 나에게 어떻게 그런 은혜를 베풀어 주셨을까?

여인   죄 많고 미천한 계집에게 다가오셨던 그분!

베드로   내 인생을 바꾸어 주셨던 그분!

말고   칼을 들고 갔던 나에게 사랑을 주셨던 그분!

모두   그분의 이름은 예수!

- 노래 2 -

노래 2의 1절을 베드로, 말고, 사마리아 여인이 부른다.
1절이 끝나고 간주가 시작되면 베드로의 독백이 이어진다.

베드로   예수님! 왜 절 그런 눈빛으로 보셨습니까?

연출 노트

#2
연주곡과 노래의 위치는 작곡을 하거나 곡 선택을 한 후에 곡의 길이 또는 느낌에 따라서 조정해야 한다.

#3
배우들이 노래를 소화하기가 어려울 경우 노래는 성가대나 다른 사람들이 부를 수도 있다.

📝 **연출 노트**

차라리 원망이나 실망하는 눈빛이었다면, 오히려 제 마음이 더 편했을 지도 모릅니다. 제가 예수님의 이름을 세 번째 부인하던 그 순간, 예수님은 절 지켜보고 계셨습니다. 그때 절 바라보셨던 예수님의 그 눈빛은…
(울먹이며) 예수님은… 십자가형을 앞둔 그 순간에서도 오히려 절 위로해 주셨습니다. 세 번이나 당신을 배신했던 저를 말입니다. "베드로야, 네가 날 부인했다고 네 자신을 원망하지는 말아라. 그래도 난 널 사랑한다." 그 순간 저를 바라보는 당신의 그 따스한 눈빛에서 다시 한번 예수님의 사랑을 보았습니다.
언제나 영원하신 예수님의 사랑을!

노래 2의 2절을 베드로가 솔로로 부른다.
노래가 끝나면 그제야 말고가 베드로를 알아본다.

말고   당신은 베드로가 아니오?
베드로 누구시죠?
말고   모르시겠소? 이틀 전, 제가 예수님을 잡으러 가던 날 밤에 당신이 칼로 내 귀를 자르지 않았소.
베드로 (놀라며) 그, 그렇다면….
말고   놀라지 마시오. 난 당신을 잡으러 온 것이 아니오. 나도 당신처럼 저들의 눈을 피해서 예

		📝 **연출 노트**
	수님의 무덤으로 가던 길이오.	
베드로	당신이 무슨 일로?	
말고	놀라실 거요. 그동안 나는 내 자신을 위해서 예수님을 죽이려는 일에 앞장을 섰던 사람이었으니까요. 대제사장의 신임을 받는 일이라면 난 예수를 죽이기라도 했을 것이오. 그런데 칼을 들고 갔던 내게 예수님은… 당신도 알다시피 놀라운 은혜를 베풀어 주셨소.	
베드로	하지만 그건 내가 잘랐던 귀를 원래대로 고친 것이 아니오?	
말고	예수님께서 잘라진 내 귀를 단순히 다시 붙게 해주신 거라면, 아마 난 이곳까지 오지 않았을 것이오.	
베드로	예? 그럼…	

- 노래 3의 연주곡 -

말고	내가 어릴 적에 귓병을 앓았던 적이 있었소. 그 병으로 한쪽 귀가 잘못되어서 전혀 들을 수가 없게 되었죠. 그 날 당신이 잘랐던 귀가 바로 그 귀였소. 그런데 놀라운 것은 예수님께서 다시 내 귀를 붙게 해주신 그 순간부터 그 귀가 다시 들리기 시작했다는 거요. 그분이 나에게 은혜를 베풀어 주신 거요. 그분을 죽이려고 했던

| 연출 노트

나에게!
그 사건은 내게 엄청난 충격이었소. 그 후로 난 그분을 믿게 되었소. 그분이야말로 우리들의 진정한 구원자란 사실을! 그래서 난 내 모든 욕망을 버리고 이렇게 예수님을 찾아 나선 것이오. 그게 무덤이라도 말이오.

- 노래 3, 말고의 솔로 -

말고 그분은 나의 진정한 구원자였소. 그분으로 인해 난 새로운 인생을 살게 되었소.
베드로 그런 일이 있었군요. 이제 우린 모두가 그분으로 인해서 새로운 인생을 사는 사람이 되었소.

베드로가 말고를 데리고 무대 한 쪽으로 가서 앉는다.
뒤편에 있던 사마리아 여인들 앞으로 나오며 대사.

여인 내가 그분을 만나지 않았다면 아마 지금 난 이 세상에 없었을 거야.
동생 또 죽는 얘기.
여인 그래, 난 언제나 죽는 얘기만 했었어. 살고 싶은 마음이 없었으니까.
동생 그게 다 언니를 버리고 간 사내들 때문이에요.
여인 아냐. 그 사람들 때문이 아냐. 다 내 헛된 욕

#4
무대가 좁더라도 자연스럽게 이동하면서 연기한다. 자기 고백을 할 때 무대 전면으로 나오고, 끝나면 자연스럽게 뒤쪽으로 이동한다.

	망 때문이었어.
동생	(불쌍해하며) 언니가 불쌍해. 가난하고, 버림받고, 손가락질 당하고….
여인	그래. 그게 내 인생이라고 생각했어.

- 노래 4 연주곡 -

여인	그런데 야곱의 우물가에서 그분을 만난 그 날부터 내 인생은 변하기 시작했어. 메마른 내 영혼이 그분이 주신 영원한 생수를 마시고 새롭게 변화된 거야. 한숨만 쉬던 내 입술에서 기쁜 노래가 흘러나올 정도로!
동생	그래! 언니가 노래하는 거, 그때 나 처음 들어봤어.
여인	그분이 나에게 주신 노래야. 주님이 주신 노래. 그분을 만나기 전에는 난 언제나 내 모습을 싫어했어. 내가 사마리아인으로 태어난 것도, 우리 집이 가난한 것도, 내 겉모습과 내 목소리까지 모든 게 싫었어. 이 지긋지긋한 내 인생을 바꿔보는 게 내 소원이었지. 그래서 처음엔 돈이 많은 남자를 사귄 거야. 그리고 그 다음에는 집안이 좋은 남자, 세 번째는 잘생긴 남자, 네 번째는 마음이 착한 남자, 다섯 번째는 젊은 남자였어. 하지만 내 마음은 점점 더 허전하고, 우울해

📝 연출 노트

📝 **연출 노트**

#5
무대가 넓은 경우에는 베드로, 말고, 사마리아 여인, 이렇게 세 영역으로 나누어서 조명을 다르게 사용할 수도 있다.

졌어. 모든 게 불안하고, 두렵기도 하고. 그나마 사내들은 날 버리고 모두 떠나갔어. 동네 사람들은 내 남편이 다섯이라고 욕을 했지만, 너도 알지? 사실 난 한 명의 남편도 없다는 거. 그렇게 난 버림받은 여자가 되어 버렸어.

동네 사람들에게, 남자들에게, 그리고 나에게도 난 버림받은 여자였어. 그런데 그분이 나에게 다가오신 거야. 난 그분에게 아무 것도 숨길 수가 없었어. 그분은 내 모든 것을 알고 계신 분 같았거든. 그런데도 난 조금도 부끄럽지가 않았어. 왜냐하면 그분은 메시아, 곧 그리스도이셨으니까.

그분이 나에게 그렇게 말씀하셨어. 그 순간 내가 얼마나 기뻤는지 아니? 난 곧장 마을로 달려가서 온 동네를 돌아다니며 메시아가 우리 동네에 오셨다고 소리를 쳤어. 왜 그랬는지 알아? 메시아가 날 제일 먼저 선택하셨다는 사실을 동네 사람들에게 알리고 싶었던 거야.

그분이 날 찾아오셨어.

그분은 나에게 영원히 목마르지 않는 샘물을 주셨어.

그리고 나에게 기쁨의 노래를 주셨어. 영원한 기쁨의 노래.

- 노래 4, 사마리아 여인 솔로에서 동생과 듀엣으로 -

> 📝 **연출 노트**

베드로 (사마리아 여인을 알아보고 다가가서) 당신은 ….

여인 어머! 당신은 주님과 함께 저희 마을에 오셨던 베드로가 아니세요?

베드로 그렇소. 어디서 아름다운 목소리가 들리는가 했는데, 당신이었군요.

여인 비록 무덤이라도 주님을 다시 뵙고 싶었어요.

베드로 당신들과 이 친구를 보니 십자가에서 돌아가신 예수님께서는 죽지 않으시고 여전히 살아 계신 것 같아요.
그분이 우리에게 주신 그 사랑이 지금도 이렇게 우리를 변화시키고 있으니까요.

여인 누가 뭐라고 해도 난 그분이 나의 구원자요, 그리스도이신 것을 믿어요.

말고 나 역시 그분이 내 영혼을 살려 주신 구원자라는 것을 믿습니다.

베드로 그래요. 예수님은 분명히 하나님의 아들이시지요.

- 노래 5 연주곡 -

베드로 그분은 작은 마을 베들레헴에서 나셨죠. 그것도 누추한 마구간에서. 그분은 시골 뱃놈

📝 연출 노트

　　　　　　　인 날 제자로 선택하셨죠. 너무나 초라한 나를. 그분이 날 믿어 주셨어요.

말고　그분은 나에게 하나님의 음성을 들을 수 있는 새로운 귀를 주셨습니다.
　　　내 죄악을 용서하실 뿐만 아니라 사랑을 베풀어 주신 주님. 그분은 사랑의 주님이십니다.

여인　세상에서 버려진 이 여자를 찾아와 용기를 주셨던 주님. 그분이 꼭 죽으셔야 했다면 그것은 우리를 위해서 그러셨을 거예요. 언제나 그렇게 살아오셨던 것처럼.

베드로, 말고 언제나 그렇게 살아오셨던 것처럼!

여인　우리 안에 그분의 사랑이 살아 있다면 그분은 이미 우리 안에 살아 계신 거예요.
　　　그래요. 그분이 우리를 위해 죽으신 것처럼, 우리를 위해서 다시 살아나실 거예요.

베드로　당신들의 고백처럼 그분은 죽었던 우리의 마음 문을 열고 우리 안에서 다시 살아나신 겁니다.
　　　난 이제 예수님의 무덤에 갈 수 있는 용기가 생겼어요. 그곳에 가서 다시 한번 그분을 뵙고 싶어요.

말고, 여인들　우리들도 함께 가겠어요.

\- 노래 5, 모두 합창 -

노래 1절이 끝나고 모두가 예수의 무덤을 향해서 걸어간다.

#6
노래 5를 여기서 마무리하고, 마지막 곡은 새 노래로 부를 수도 있다. 이때 노래 5 이후에 바로 이어서 부활의 신비가 느껴지는 마지막 노래의 전주가 흘러나와야 한다.

144　김수형 희곡집

계속해서 노래 간주가 있는 동안, 신비로운 효과음과 환상적인 조명의 변화.
잠시 후 놀란 얼굴로 다시 등장하는 사람들.

베드로 (놀란 얼굴로) 없어. 예수님의 시체가 없어졌어!
말고 그 곳에는 빈 무덤밖에 없어!
여인 부활하셨어요! 그분은 사흘만에 부활하셨어요!
베드로 사흘만에?
   "인자가 죄인의 손에 넘기어 십자가에 못 박히시고 제 삼 일에 다시 살아나야 하리라."
여인 맞아요! 우리 주님이 부활하셨어요! 우리 주님이 부활하셨어요!
말고 (감격하며) 그분은 실로 우리의 구원자이시오!
베드로 (감격하며) 만왕의 왕! 만유의 주님!
말고, 베드로, 사마리아 여인
   그분은 우리의 구원자시오!

모두가 함께 노래 5의 2절을 부르며 부활하신 예수를 찬양한다.

- 막 -

연출 노트

#7
마지막 곡은 관객과 함께 부를 수 있는 곡이어도 좋다.

현장 드라마

구원자 예수

등장 인물

참가자 전원

작가 생각

1. 이 드라마는 야외 넓은 운동장에 참석한 모든 사람들이 현장에서 극을 체험하며 다함께 더불어 진행하는 현장드라마이다. 소요시간 40~50분.
2. 드라마를 실시하기 전에 사전 연습이 필요하며, 연출은 사전 답사 또는 군중을 어떻게 이동시키겠다는 사전 계획이 필요하다.
3. 극중의 예수님 역할은 모든 대사를 외워야 하지만, 그 외 다른 배역은 대본을 들고 극을 진행할 수 있다. 물론 충분히 연습해서 모두가 외워서 하면 가장 좋다.
4. 군중을 세 부분 또는 더 많이 분리해서 진행하더라도 사전에 조장을 뽑아 대본을 나누어 주고 극의 진행 방법을 조장에게 설명한 후, 조장이 실제로 군중을 이끌어가게 하면 효율적이다.
5. 십자가 외 여러 소품을 준비해 사용할 수 있다. (군사들의 창, 채찍, 환자들의 붕대, 망치 등)
6. 대본에 적힌 찬양곡이나 음악은 연출자가 임의로 다른 곡을 사용해도 무방하다.
7. 시간 또는 여건상 극의 일부를 삭제하거나 첨부하여도 무방하며, 해설자의 멘트도 행사의 주제에 맞게 변형시킬 수도 있다.
8. 주로 수련회 캠프파이어와 연결하여 사용하는 것이 효율적이다.
9. 군중들과 약식으로 연습 공연을 해본 후에 공연할 수도 있다.
10. 이 극은 연출자 재량으로 다양하게 연출될 수 있다.

참가자 전원이 다같이 모일 수 있고 이동이 가능한 곳에서 현장 드라마를 시작한다.
창조를 상징하는 음악이 흘러나오면 해설자는 낭송을 시작한다.

해설   태초에 하나님이 천지를 창조하시니라!
         태초에 하나님은 아름다운 자연과 더불어 온전하고 건강한 인간을 창조하셨습니다.

찬양   〈천지를 아름답게〉

해설   하나님은 온전하고 건강하게 지음을 받은 인간들에게 천지 만물을 다스리며 정복하고, 그 위에 충만하라는 축복을 허락하셨습니다. 하나님과 인간은 아름다운 자연 위에서 기뻐하며 행복했습니다.

찬양   〈온 땅이여 주를 찬양〉

해설   그러나 인간은 하나님과의 약속을 어기고 죄를 범하였습니다. 인간은 그 죄로 인하여 온전함과 건강함을 상실하게 되었고, 죽을 수밖에 없었습니다.
         온전함을 상실한 인간은 하나님을 피해 어둠 속에서 공허한 삶을 살게 되었고, 인간들끼리는 서로 싸우고 죽였습니다. 자연 속에서는 땀흘리고 수고해야만 먹을 수가 있었

연출 노트

#1
야외에서도 해설자의 목소리와 배경 음악이 잘 들릴 수 있도록 음향 장비가 반드시 필요하다.

#2
찬양은 군중들이 다 함께 부를 수 있는 곡으로 하고, 곡의 길이는 현장 분위기에 맞춰서 하되 늘어지지 않도록 주의한다.

📝 연출 노트

습니다.

또한 건강함을 상실한 인간은 육체의 제한된 생명과 수많은 질병으로 고통 당할 수밖에 없었습니다.

이때 하나님은 죄로 인하여 죽을 수밖에 없었던 인간들을 구원하시고자 율법과 선지자를 통하여 인간들에게 약속을 주셨습니다.

"찬송하리로다 주 이스라엘의 하나님이여 그 백성을 돌아보사 속량하시며 우리를 위하여 구원의 뿔을 그 종 다윗의 집에 일으키셨으니 이것은 주께서 예로부터 거룩한 선지자의 입으로 말씀하신 바와 같이 우리 원수에서와 우리를 미워하는 모든 자의 손에서 구원하시는 구원이라."

#3
배우들의 의상은 예수님을 제외하고는 간결하게, 또는 현대식으로 입어도 무방하다.

요한   (군중들 뒤에서 나타난 세례 요한이 소리치며 등장한다) 독사의 자식들아!
누가 너희에게 임박한 하나님의 진노를 피할 수 있다고 가르쳤느냐? 회개하라, 천국이 가까웠느니라! 회개하라, 천국이 가까웠느니라!

#4
군중을 이끄는 조장들이 대본을 보면서 먼저 외치고, 뒤따라 군중들이 따라서 외치도록 준비한다.

몇몇 군중들이 요한을 향해 외친다.

군중 1   요한 선생님 우리를 구원하소서. 배가 고파 죽겠습니다.

군중 2   하나님의 선지자여, 우릴 구원하소서. 우리

	의 병을 낫게 하소서.
군중 3	메시아여, 우리를 저 로마의 억압에서 구원하소서. 이스라엘의 해방을 허락하소서.
군중들	우리를 구원하소서! 우리를 구원하소서!
요한	여러분! 나는 선지자도 메시아도 아니오. 나는 선지자 이사야의 말과 같이 주의 길을 곧게 하라고 광야에서 외치는 자의 소리오. 나는 여러분이 회개하라고 물로 세례를 주지만 내 뒤에 오시는 이는 여러분에게 불과 성령으로 세례를 줄 것이오. 그분은 우리를 다시 온전한 백성으로 만드시고 병들은 우리들의 영혼과 육체를 깨끗케 하실 것이오.
요한의 제자	요한 선생님, 예수라 하는 자가 이리 오고 있습니다.

> 연출 노트

예수, 군중들 사이로 서서히 등장한다.

요한	보라, 세상 죄를 지고 가는 하나님의 어린양이로다.
예수	(요한 앞에서 무릎을 꿇으며) 나에게 세례를 허락하시오.
요한	(예수 앞에 무릎을 꿇고) 무슨 말씀이십니까, 내가 당신께 세례를 받아야 합니다.
예수	허락하여 주시오. 우리가 이와 같이 하여 모든 의를 이루는 것이 합당합니다.
요한	(예수에게 세례를 준다. 순간 놀라며) 보라!

#5
현장에서 배우들은 육성으로 연기해야 하므로 모든 대사를 가급적 큰 소리로 한다.

📝 **연출 노트**

성령이 비둘기 같이 하늘에서 내려와 예수님의 머리 위에 머물렀도다.
예수님은 하나님의 아들이시라. 그는 우리의 구원자이도다.

찬양 〈하나님이 세상을 이처럼〉

찬양을 부르는 동안, 몇몇 제자들이 예수를 따른다.
찬양이 끝나면 군중들을 향해서 외치는 예수.

#6
예수의 대사는 음향 장비를 사용해서 다른 배역과 차별화하거나 예수의 대사만 성우를 쓸 수도 있다.

예수 수고하고 무거운 짐진 자들아, 다 내게로 오라. 내가 너희를 쉬게 하리라. 나는 마음이 온유하고 겸손하니 나의 멍에를 메고 내게 배우라. 그러면 너의 마음이 쉼을 얻으리니 이는 내 멍에는 쉽고 내 짐은 가벼움이니라.

환자들 (예수 앞으로 나오며) 주여! 우리를 치료하소서. 주여! 우리 병을 고쳐 주소서.

예수 (환자 1을 일으키며) 네 믿음이 너를 구원하였노라. 일어나 걸으라.
(환자 2를 가리키며) 하나님의 이름으로 명하노니 네 병이 나았느니라.
(환자 3에게 다가가) 네가 죄사함을 받았느니라. 건강한 몸으로 돌아갈지니라.
나는 병든 자를 위하여 왔노라. 건강한 자에게는 의원이 쓸 데 없고, 병든 자에게 쓸 데가 있느니라. 내가 온 것은 의인을 부르러 온

	것이 아니요, 죄인을 부르러 왔노라.
환자 4	주여, 나는 죄인입니다. 난 날 때부터 눈이 먼 장님입니다. 주여 나를 불쌍히 여기소서.
예수	너는 하나님이 내게 보내신 자라. 너를 통하여 하나님의 일을 나타내려 하심이라. 자, 실로암으로 가서 네 눈을 씻으라.
환자 4	(다른 한쪽으로 걸어가서 눈을 씻다가 눈을 뜨며 감격한다) 아니, 내 눈이 보인다! 보인다! 주여 감사합니다. 당신은 진정 하나님이 보내주신 우리의 구원자이십니다. 여러분, 예수님이 내 눈을 뜨게 하셨습니다. 예수님은 우리의 구원자이십니다. 예수님을 찬양합시다!
찬양	〈주님의 영광 나타나셨네〉
회당장	주님! 어서 오셔서 제 딸의 병을 낫게 하소서. 지금 딸아이가 죽어가고 있습니다.
회당장 친구	이보게, 자네 딸은 이미 죽었네. 죽은 딸 때문에 예수님을 더 괴롭히지 말게나.
회당장	아니야, 내 딸은 죽지 않았어.
예수	두려워하지 말고 믿기만 하시오.

짧게 움직여 모두가 예수를 따라 회당장 집으로 이동한다.
집에는 소녀가 죽어 있고 가족들이 울며 슬퍼한다.

연출 노트

#7
대부분의 배역들은 군중들 속에 있다가 등장하고 다시 군중들 속으로 퇴장한다.

> **연출 노트**

예수　　　너희들은 어찌하여 아이가 죽었다고 우느냐? 죽은 것이 아니라 자고 있다.

회당장 친구　그게 무슨 소리요. 아이는 벌써 죽었소.

예수　　　달리다굼! 소녀야 네게 말하노니 일어나라!

소녀　　　(눈을 뜨며 일어난다) 엄마, 나 일어날 수 있을 것 같아요. 몸이 가벼워졌어요. 누가 나를 고쳐 주셨나요?

소녀 어머니　예수님이란다. 예수님이 너를 고쳐 주셨어!
　　　　　(가족들 기뻐한다)

예수　　　나는 부활이요 생명이니 나를 믿는 자는 죽어도 살겠고, 무릇 살아서 나를 믿는 자는 영원히 죽지 아니하리라.

마르다, 마리아
　　　　　(예수 앞으로 나오며) 주여, 어찌하여 이제 오시나이까? 주께서 여기 계셨더면 내 오라비가 죽지 아니하였겠나이다.

예수　　　그를 어디 두었느냐?

마리아　　이리 와서 보옵소서.

> #8
> 현장에 사전 답사를 통해 연극 상황에 맞는 장소를 선택해서 이동하는 경로를 정해 두면 좀더 연극적인 효과를 기대할 수 있다.

짧게 이동한다. 모든 사람들도 예수를 따라 이동한다.

예수　　　돌을 옮겨 놓으라.

마르다　　주여, 죽은 지가 나흘이 되어 벌써 썩은 냄새가 납니다.

예수　　　네가 나를 믿으면 하나님의 영광을 보리라.

마르다　　주는 그리스도요, 세상에 오시는 하나님의

	아들인 줄 내가 믿습니다.
예수	아버지여! 항상 나의 말을 들어 주심을 감사합니다.
	아버지께서 항상 나의 말을 들어 주심을 내가 알고 있습니다.
	그러나 이 말을 하는 것은 여기 둘러선 사람들을 위함이니, 아버지께서 나를 보내신 것을 저희로 믿게 하려 함입니다.
	자, 내가 아버지의 이름으로 명하노니 나사로야 나오라. 나사로야 나오라.

이때 나사로가 붕대를 묶은 채로 걸어나온다.

마리아	나사로가 살아났어요! 여러분! 우리 오빠, 나사로가 살아났어요!
모두	할렐루야!

찬양	〈그는 여호와〉

해설	하나님의 아들로서 이 땅에 내려와 병든 자를 고치시고, 온전한 인간의 삶을 가르치셨던 예수님.
	이스라엘의 사람들은 예수님이야말로 이스라엘을 로마의 속박에서 해방시켜 주시고, 풍요로운 육체의 삶을 보장해 줄 수 있는 메시아라고 믿었습니다.

📝 **연출 노트**

📝 연출 노트

군중 1 　자, 여러분! 예수님이 우리를 구원하시기 위해 예루살렘으로 들어오십니다. 우리 모두 기쁜 마음으로 메시아 예수를 맞이합시다.

군중들 　옳소. 우리 모두 예수를 환영합시다.

찬양 　〈호산나〉

#9
이 곡을 부를 때에는 나뭇가지를 꺾어서 사용한다.

해설 　그러나 예수님은 단지 이스라엘의 해방과 병든 자를 치료하기 위하여 이 땅에 온 것이 아니었습니다. 모든 인류가 죄에서 해방됨으로 죄로 인하여 죽게 되었던 인류의 영혼을 온전하고 깨끗하게 하시기 위함이었습니다.
　　　 육체의 질병만이 아닌 영혼의 질병까지 구원하시고자 예수님은 피흘리는 속죄양의 길을 걸으시려 하셨던 것입니다.

예수 　사람들이 나를 누구라 하느냐?

군중들 1 　주는 우리의 선생님입니다. 주는 우리의 선생님입니다.

군중들 2 　주는 엘리야입니다. 주는 엘리야입니다.

군중들 3 　주는 선지자입니다. 주는 선지자입니다.

예수 　(제자들에게) 그럼, 너희는 나를 누구라 하느냐?

베드로 　주여! 주는 그리스도시요, 살아 계신 하나님의 아들이십니다.

예수 　시몬아, 네가 복되도다.
　　　 이를 네게 알게 하신 이는 사람의 생각이 아

	니요, 하늘에 계신 내 아버지시라. 그러나 나는 곧 예루살렘에서 장로들과 대제사장들과 서기관들에게 많은 고난을 받고 죽임을 당하고 제 삼 일에 다시 살아나리라.
베드로	주여, 아니되옵니다. 주님이 죽다니요. 우리 이스라엘의 군중들이 그 말을 들으면 실망을 할 것입니다. 주여, 그리 마옵소서.
예수	사탄아, 물러가라. 너는 나를 넘어지게 하는 자로다. 네가 하나님의 일을 생각하지 아니하고 도리어 사람의 일을 생각하는도다. 아무든지 나를 따라오려거든 자기를 부인하고 자기 십자가를 지고 나를 좇을 것이니라.

이때, 군사들의 대장이 군사들을 데리고 등장한다.

대장	자, 저 예수를 잡아들여라!
군사들	예!
대장	그리고 저 예수를 유대의 왕이라 하는 자와 하나님의 아들이라 하는 놈들을 같이 잡아들여라.
군사 1, 2	(예수를 잡는다)
군사 3	(베드로에게) 너, 예수의 제자가 맞지?
베드로	아니오, 나는 예수를 모르오. 나는 정말 예수라는 사람을 몰라요. 퉤! 저주나 받아라. 난 그 사람 알지도 못하오.
군사들	(군사들 군중들을 향해서 위협하며) 야, 너희

연출 노트

#10
대장과 군사역의 사람들은 조금도 장난기가 있어서는 안 되고 진지하게 연기해야 한다.

📝 연출 노트

	들 예수를 알지?
군중 1	우리는 예수를 모릅니다. 우리는 예수를 모릅니다. 우리는 예수를 모릅니다.
군중 2	우리는 예수를 모릅니다. 우리는 예수를 모릅니다. 우리는 예수를 모릅니다.
군중 3	우리는 예수를 모릅니다. 우리는 예수를 모릅니다. 우리는 예수를 모릅니다.
대장	자, 이제 예수를 빌라도에게 데려가 재판을 받게 하자. 모두 가자.

군중들 예수와 더불어 이동한다.

군사 1	(군중 1에게) 야, 너 저 예수편이지?
군중 1	아, 아닙니다. 난 저 사람 별로 좋아하지 않습니다.
군사 1	그래, 그러면 지금 큰 소리로 저 예수를 욕해봐.
군중 1	예. 예수는 우리를 속였습니다. 예수는 힘도 없는 거짓말쟁이었습니다. 우리를 속이고 하나님의 이름을 욕되게 한 예수를 죽입시다. 예수를 죽여라. 예수를 죽여라.
군중들	예수를 죽여라! 예수를 죽여라! (계속 외친다)

예수와 군중들 빌라도 앞에 도착한다.

빌라도	네가 유대의 왕이냐?
예수	네 말이 옳도다.
군중들	우!
대제사장	정말 네가 찬송 받을 하나님의 아들이냐?
예수	내가 그니라. 인자가 권능자의 우편에 앉을 것과 하늘 구름을 타고 오는 것을 너희가 보리라.
대제사장	괘씸하도다. 어찌 더 증인이 필요하리요. 너희는 어찌 생각하는가?
군중들	죽여라! 죽여라!
빌라도	하지만 난 너희가 고소한 일로는 이 사람에게서 죄를 찾지 못하였도다. 보라, 저가 행한 일에는 죽일 일이 없느니라.
군중들	우! 죽여라! 죽여라!
빌라도	저 예수를 내가 어떻게 하랴?
군중들	예수를 십자가에 못 박아라! 예수를 십자가에 못 박아라! 예수를 십자가에 못 박아라!
빌라도	나는 그의 죽일 죄를 찾지 못하였도다. 이 사람의 피에 대하여 나는 무죄하니 너희가 그 대가를 치르라. 자, 예수를 너희 맘대로 하라.
군중들	예수를 십자가에 못 박아라. 예수를 십자가에 못 박아라! 예수를 십자가에 못 박아라!
대장	자, 예수의 옷을 벗겨라.
군사 1, 2	(옷을 벗긴다)
대장	채찍으로 때려라.

> **연출 노트**
>
> #11
> 빌라도와 대제사장 등의 역은 어른들이 하면 더 좋다.
>
> #12
> 채찍은 사전에 점검을 해서 배우의 몸을 상하지 않는 도구로 사용한다. 붉은 물감으로 적신 후 사용하면 더 큰 효과가 있다.

📝 연출 노트

군사 3	예. (채찍으로 때린다)
군사 1	(가시관을 씌우며) 자, 유대왕의 왕관이다.
대장	십자가를 가지고 나오라.
군사 4, 5	(십자가를 가져온다)
대장	자, 십자가를 지고 골고다로 가자.
예수	주여, 만일 할 만 하시거든 이 잔을 내게서 지나게 하옵소서. 그러나 나의 원대로 하지 마옵시고 아버지의 원대로 하옵소서.
대장	시끄럽다. 가자!

배경음악 〈어린양을 보라〉
〈보라 세상 죄를 지고가는 하나님의 어린양〉

예수는 십자가를 지며 고통스럽게 걸어가고, 뒤에 군중들이 따라온다. 슬퍼하는 여인들

여인 1, 2	주여! 가지 마옵소서.
예수	예루살렘의 딸들아, 이제 나를 위하여 울지 말고 너희와 너희 자녀를 위하여 울어라.

예수를 골고다 언덕을 향해 채찍을 때리며 이동시키는 군사들, 군중들은 그 뒤를 쫓는다

해설	그는 실로 우리의 질고를 지고 우리의 슬픔을 당하였거늘 우리는 생각하기를 그는 징벌을 받아서 하나님에게 맞으며 고난을 당

한다 하였노라. 그가 찔림은 우리의 허물을
인함이요, 그가 상함은 우리의 죄악을 인함
이라. 그가 징계를 받음으로 우리가 평화를
누리고, 그가 채찍에 맞음으로 우리가 나음
을 입었도다. 우리는 다 양 같아서 그릇 행하
여 각기 제 길로 갔거늘 여호와께서는 우리
무리의 죄악을 그에게 담당시키셨도다. 여
호와께서 그로 상함을 받게 하시기를 원하
사 질고를 당케 하셨은 즉 그 영혼을 속건 제
물로 드리기에 이르면 그가 그 씨를 보게 되
며 그 날은 길 것이요, 또 그의 손으로 여호
와의 뜻을 성취하리로다. 그가 자기 영혼을
버려 사망에 이르게 하며, 범죄자 중 하나로
헤아림을 얻었음이라. 그러나 실상은 그가
많은 사람의 죄를 지며, 범죄자를 위하여 기
도하였느니라.

골고다 언덕을 상징할 수 있는 언덕 위 또는 계단 위로 예수가
오른다.

대장	자, 저 군중의 소원대로 예수를 십자가에 못 박아라.
군사 1, 2	(예수를 십자가에 못 박는다. 괴로워하는 예수)
군사 3, 4	(강도들을 데려온다)
예수	아버지여, 저들의 죄를 용서해 주시옵소서.

📝 **연출 노트**

#13
돌멩이를 사용해서 못 박는 연기와 소리를 연출할 수 있고, 십자가를 어떻게 세울지 사전에 약속해야 한다.

📝 **연출 노트**

	저들은 자기들이 하는 것을 모르옵나이다.
강도 1	야, 네가 만일 하나님의 아들이라면 이 십자가에서 내려와 네 자신도 구하고 우리도 구해봐라.
강도 2	주여, 나의 죄를 용서하실 수 있습니까? 그리고 오늘 당신이 낙원에 이를 때 이 죄인도 함께 있게 하소서.
예수	네가 오늘 나와 함께 낙원에 있을 것이라. 심히 목이 마르구나. 엘리 엘리 라마 사박다니. 나의 하나님, 나의 하나님. 어찌하여 나를 버리셨나이까? 다 이루었도다. 아버지여, 나의 영혼을 아버지께 부탁드립니다.
효과	강렬한 천둥 소리

#14
찬양 이후에도 계속해서 배경 음악이 필요하다. 적당한 시간에 예수 역의 배우는 가급적 보이지 않게 이동을 해서 부활의 예수를 준비한다.

찬양	〈그때 그 무리들이〉
해설	예수 그리스도, 그는 죽었습니다. 하나님의 아들 예수 그리스도는 인간들의 죄를 자신의 피로 대속하여 다시 인간을 온전하고 건강한 모습으로 회복시키고자 십자가에서 죽었습니다. 바로 우리들의 죄 때문이었습니다!
군중 1	(군중 속에서 뛰쳐나오며)

	여러분, 제가 예수님을 죽였습니다. 내 병을 고쳐주셨던 예수님을 제가 배반했습니다. 나는 죄인입니다. 주여, 나의 죄를 용서하소서. (무릎을 꿇고 기도한다)	📝 **연출 노트**
군중 2	(군중 속에서 뛰쳐나오며) 하나님, 나도 죄인입니다. 내가 예수님을 십자가에 못박으라고 소리쳤습니다.	
	주여, 나의 죄를 용서하십시오. (무릎을 꿇고 기도한다)	
베드로	(군중 속에서 걸어나오며) 여러분, 여러분들도 저 사람들처럼 회개 기도를 하십시오. 나도 예수님을 배반했던 나의 죄를 회개할 것입니다. 여러분, 여러분들도 하나님 앞에서 정직한 마음으로 회개하십시오. 하나님은 우리를 용서해 주실 것입니다.	
	(기도하며) 주여, 이 가증한 베드로를 용서하소서. 저는 죄인입니다.	

군중 몇 명과 제자들이 회개 기도를 여기저기에서 시작한다.

배경음악	〈나 같은 죄인 살리신〉
해설	"만일 우리가 우리 죄를 자백하면 저는 미쁘시고 의로우사 우리 죄를 사하시며, 모든 불의에서 우리를 깨끗케 하실 것이요."
	"하나님께 나아오라. 그가 널리 용서하시리

📝 **연출 노트**

#15
군중들이 진심으로 회개 기도를 할 수 있도록 시간을 주고, 기도가 끝날 무렵에 부활의 소식이 들린다.

라."
"다시 우리를 긍휼히 여기셔서 우리의 죄악을 발로 밟으시고, 우리의 모든 죄를 깊은 바다에 던지시리이다."

모두가 하나님께 회개의 기도를 한다.

음악	부활을 상징할 수 있는 강렬한 음악
여인1, 2	여러분, 예수님이 부활하셨습니다. 예수님이 부활하셨어요.
예수	너희에게 평강이 있을지어다. 어찌하여 두려워하며 어찌하여 마음에 의심이 일어나느냐. 내 손과 발을 보고 나인 줄 알라. 나를 만져 보라. 나는 부활이요, 생명이니 나를 믿는 자는 죽어도 살겠고, 살아서 믿는 자는 영원히 죽지 아니하리라.

#16
예수역의 배우는 가급적 현장에서 가장 높은 곳에서 흰옷을 입고 등장한다. 조명을 사용할 수도 있다.

찬양	〈선포하라〉
예수	예루살렘을 떠나지 말고 아버지의 약속하신 것을 기다리라. 하늘과 땅의 권세를 모두 내게 주셨으니 그러므로 너희는 가서 모든 족속으로 제자를 삼아 아버지와 아들과 성령의 이름으로 세례를 주고 내가 너희에게 분부한 모든 것을 가르쳐 지키게 하라. 볼지어

다 내가 세상 끝날까지 너희와 항상 함께 있으리라. 오직 성령이 너희에게 임하시면 너희가 권능을 받고 예루살렘과 온 유대와 사마리아와 땅 끝까지 이르러 내 증인이 되리라. 오직 성령이 너희에게 임하시면 너희가 권능을 받아 내 증인이 되리라!

연출 노트

예수, 손을 들어 하늘로부터 땅으로 캠프파이어 장작을 향해 가리킨다. 하늘로부터 떨어지는 불꽃이 장작에 점화된다.
성령의 임재를 상징하듯.

제자 여러분, 기뻐하십시오. 주의 성령이 우리에게 임하셨습니다. 성령이 우리에게 임하셨습니다.

찬양 〈오소서 진리의 성령님〉(부흥2000 중에서)

해설 오직 하나님이 성령으로 이것을 우리에게 보이셨으니 성령은 모든 것 곧 하나님의 깊은 것이라도 통달하시느니라. 내가 아버지께 구하겠으니 그가 또 다른 보혜사를 너희에게 주사 영원토록 너희와 함께 있게 하시리니 저는 진리의 영이라.
사랑하는 형제 자매 여러분!
예수 그리스도의 십자가 죽음으로 말미암아 어둠과 죄악과 질병 가운데 있었던 우리의

> **연출 노트**

영혼과 육체는 이제 거룩하다 칭함을 받았으며 죄악의 질병으로부터 온전함을 얻었습니다. 또한 주님이 보내주신 주의 성령은 언제나 우리와 함께 하신다고 약속하셨습니다. 이제 우린 영원히 거룩한 주의 백성입니다. 이제 우린 깨끗함을 입은 온전한 주의 백성입니다. 그리고 우리는 하나님의 아들입니다.
할렐루야!
우리 모두 우리의 하나님을 찬양합시다.
우리 모두 우리의 하나님을 찬양합시다.

#17
이후에는 캠프파이어 행사로 이어짐.

다함께 찬양

- 막 -